法華特論

法華素號諸經之王，允具醍醐價值。
然不精習經中諸陀羅尼，縱契「十如是句」，只饗熟酥。
精習而神化之，至於體用交徹，性相互融；
則全部法華句句皆自胸襟出；
且知諸佛共同加持為一經旨歸。

達庵居士馮寶瑛◎著

達庵大阿闍黎道影

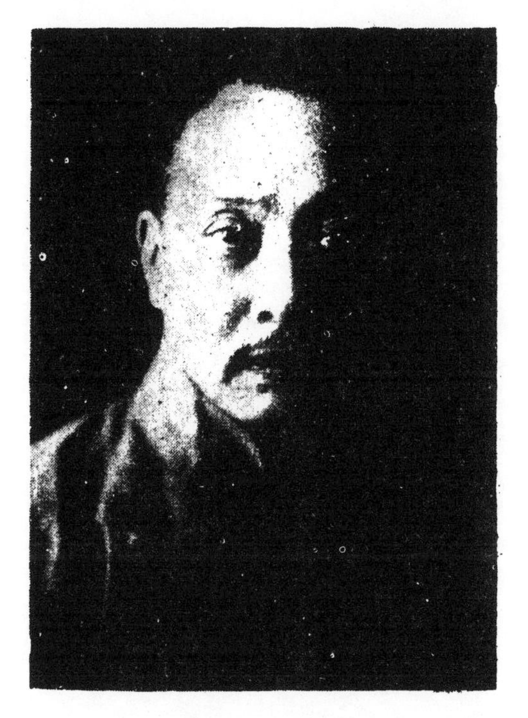

普賢道場頌詞

解行相應
顯密交融
弘一乘教
嗣真言宗

法華特論自序

妙法蓮華經流傳中國，隋譯比較完備，凡二十七品；文相顯豁，都八萬言。本論別出手眼，擷其精英，以三十品分配之。義理深奧，逈超餘經之上。論列要旨，泰半須宗密法，否則囫圇吞棗，食而不知其味焉。原夫一乘大道，佛性爲根。僅明妙體，可稱入門；兼得妙用，方許升堂；依性起相，曼荼羅如實現前，庶幾登峰造極。其涉俗不染，應機自在，而弗能開顯莊嚴佛境者，猶局般若藏範圍；非所語於陀羅尼藏。諸佛最高法會，座中大菩薩，必深達陀羅尼妙用；蓋非如是不足以獲醍醐上味；六波羅蜜經之言可證也。法華素號諸經之王，允具醍醐價值。然不精習經中諸陀羅尼，縱契「十如是句，」衹饗熟酥。精習而神化之，至于體用交徹，性相互融；則全部法華，句句皆自胸襟出；且知諸佛共同加持爲一經旨歸。寶塔現形也，龍女成佛也，菩薩上湧也，乃至一切瑞相流露也，無一不仗三密加持力而然。與加持力相應，隨時得預法華之域。奚必待佛將般涅槃之際始有所見聞耶？欲求相應，當先學密。佛云：此經難信難解，對顯教根機言之耳。有嘗醍醐大志者盍興乎來！

著者自序于廣州

中華民國三十七年十月十日

法華特論

達庵居士馮寶瑛著

發凡

諸佛說經，有權有實，而以妙法蓮華爲應世正宗。宗旨深奧，非權機所能信解。古德喜談實大乘者，每依般若玄義而疏釋之；祇涉藩籬，未窮究竟。文化與日俱進，豈宜故步自封？爰造此論，公諸同志。首當辯者，厥有四端：

（1）一乘與三乘之別

一乘者，諸佛實際之道也。利根乘此道進修，能與如來法身頓相應；亦名佛乘。三乘者，諸佛權宜之道也。鈍根乘此道進修，能與如來化身漸相近；分名菩薩乘，緣覺乘，聲聞乘。

佛乘特點，體用交融。卽靈活之用以爲妙體；卽大空之體以發妙用。上接十方如來法流；下攝十方衆生心念。一卽一切；一切卽一。以智證之，唯性無相；以識誌之，依性起相。至矣哉！如來法身境界之奇特也。

菩薩乘爲摹倣佛乘而設。內觀諸心不能直顯法身全體大用；祇從如來六度萬行之外迹，依塵相以修之。識執濃厚，事事須注重遮情；故經多劫乃能見性。緣覺聲聞二乘，並無六度萬行之弘願，但求解脫六塵纏繞而已。聲聞唯信教法，緣覺兼思教理；此其辨也。

(2)顯教與密教之別

依俗諦言說，指陳世出世間之法理而如實不誤者，謂之顯教。依本性功能，轉運佛菩薩等之法流而應用無差者，謂之密教。前者可以自力參究；後者必須他力加持。

自力參究者，以事迹經驗爲基；顯教開示爲鵠；從而契會萬法之正確條理也。世間法之參究，除俗學外須修禪定以光大之。出世間法之參究，除正理外須修般若以了達之。兩者皆當切實修習，乃有現量可證；否則空泛之論耳。

他力加持者，諸佛菩薩各運用特性于金剛法界之中，以加持密教行者，令各得法流之妙用也。一切衆生本來同被加持；然非先習如來三密之道，自心不能潛啓樞機以接受法流；故無一律感應之效。能獲實效之學人，淺者唯以淨信行之；深者兼以妙解融之。

(3)華嚴與法華之別

大方廣佛華嚴經，略稱華嚴。妙法蓮華經，略稱法華。同以一乘爲宗；同有經王尊號。所與者，華嚴是受用佛說；法華是應化佛說。

毗盧遮那（義為光明遍照）如來常現他受用身，為一乘菩薩廣說無量法門。約理一念頓具；約事窮劫不盡。而流傳此間之華嚴偈頌有限；乃釋尊示迹成佛時隨機開顯之小分耳。原屬受用境界，故非凡外權小之輩所能直接見聞。法華會上，機緣成熟，大衆仗加持力得見多寶如來。然祇毗盧遮那小影是名加持身。

如來受用身常住不變；為俯就機宜故，恆分位攝化，示現無量應身。十方衆生當緣熟時，輒見一佛應世緣盡則滅。此起彼伏，層出不窮；釋尊即其中之一例。諸應身收攝于華嚴淨土，則各為毘盧遮那曼荼羅（義為道場）之一尊。法華會上，大衆不能直入此境，循世間習慣，共見十方分身佛圍繞多寶如來而住。釋尊却與多寶並坐者，加持主力所繫也。

上文所論乃法華骨髓；須精習密軌，始克洞明。蓋一乘大教，非得三密加持無以顯其大用也。法華本經，依大通如來所說，偈頌無邊；顯密二義，兩應具足。釋尊所說，雖較簡略，大綱當不遺失。此方所傳卷帙無多；尚有諸陀羅尼作為口密之具，惟身意二密，乃至多寶真言，皆付闕如；須于密軌中求之。僅憑經文研究顯義，所得祇許與般若藏同科。顯密雙習，庶獲醍醐上味耳。志者參之！

(4)經疏與經論之別

經疏者，解釋字句，使讀者明瞭全經意義也。經論者，探究綱領，俾學者領會全經眼目也。疏必備列經文而解釋之；或兼探究。論得節錄經要而探究之，或兼解釋。

我國法華，譯本有三：其一晉譯，文理晦澀，未便學習；其二秦譯，文理曉暢，不無缺失；其三隋譯，一依秦譯原文而能改正其錯簡，添補其遺篇，堪稱美善。然陀羅尼真言仍屬不完，則須參觀唐譯密軌。本論準隋譯次第與唐譯真言而探究之。經文繁冗，祇揭大要于册，藉便學者。欲窺全文，有原經在。

隋譯次第，分全經爲二十七品。品名宜變更者，今變更之；品材應分合者，今分合之；皆論者權宜施設也。每品經要，分段釋略；爲應所需，輒附密義。品末則舉顯密精華而特論之。學者因指見月，可悟此中眼目焉！

本論品目與隋譯已有異同，應列表如下，以資對照。隋所同者，下誌同字；隋所異者，下誌舊名。

第一　序品——同

第二　開權品——方便品

第三　舍利弗授記品——譬喻品（上）

第四　三車喻品——譬喻品（下）

第五　窮子喻品——信解品

第六　一乘普度品——藥草喻品

第七　迦葉等授記品——授記品

第八　大通如來品——化城喻品（上）

第九　化城喻品——化城喻品（下）

第十　富樓那等授記品——五百弟子授記品

第十一　阿難等授記品——授學無學人記品

第十二　一乘法力品——法師品

第十三　寶塔出現品——見寶塔品（上）

第十四　提婆達多品——見寶塔品（中）

第十五　龍女成佛品——見寶塔品（下）

第十六　比丘尼授記品——勸持品

第十七　安住品——安樂行品

第十八　菩薩從地涌出品——從地踊出品

第十九　如來壽量品——同

第二十　差別功德品——分別功德品及隨喜功德品

第二十一　六根清淨品——法師功德品

第二十二　常不輕菩薩品——同

第二十三　如來神力品——神力品

第二十四　陀羅尼品——同

第二十五　藥王菩薩本事品——同

第二十六　妙音菩薩來往品——妙音菩薩品

第二十七　觀音菩薩普門品——觀世音菩薩普門品

第二十八　華德菩薩因緣品——妙莊嚴王本事品

第二十九　普賢菩薩勸發品——同

第三十　囑累品——同

第一　序品

序者，敍述本經之由緒也。有通序，有別序。前述當時說法處所，與聽衆機類；後述大會發起因緣，與表演境界。義理同科者聚爲一段，謂之品。

如是我聞：一時佛住王舍城耆闍崛山中，與大阿羅漢千二百人，菩薩摩訶薩八萬人，及無數聲聞四衆天龍八部等俱。

此通序也。結集者自述當時法音曰「如是我聞，」乃經首恆例。凡自開經至結經一段時間，謂之「一時。」「佛」卽「佛陀」之略稱，指當日說經之釋迦牟尼如來。王舍城爲中印度摩竭陀國之都會。此城周圍有五山，第一山名耆闍崛，義爲靈鷲。

阿羅漢本聲聞乘極果之名；大阿羅漢則法身大士示迹漏盡比丘者。千二百人，乃舉重要者而言。舍利弗摩訶迦葉須菩提迦旃延目犍連富樓那憍陳如諸尊者尤稱上首。或譯萬二千人，蓋兼攝次要言之。凡發菩提心者得稱菩薩；加以摩訶薩三字，則爲「大士，」乃眞實發大菩提心能轉大法輪者之尊稱。八萬人，隱指八類菩薩各以萬計。文殊彌勒藥王觀音普賢諸大士，皆本經特殊人物也。聲聞四衆，內含比丘，比丘尼，優婆塞，優婆夷學無學人俱有之義如常釋。阿難羅睺羅乃比丘之獨出者。波闍波提耶輸陀羅則比丘尼中之領袖也。以上諸聖名義分詳各品之中，今暫不述。

天龍八部，詳爲天(諸天) 龍(諸龍) 夜叉(惡鬼) 乾闥婆(香神) 阿修羅(非天) 迦樓羅(金翅鳥) 緊那羅(樂神) 摩睺羅伽(蟒神) 八類。等者，攝取一切人非人各類也。天中昭著者，爲忉利天王釋提桓因大梵天王尸棄光明等。龍中昭著者，爲難陀跋難陀二龍王。其緊那羅，乾闥婆，阿修羅，迦樓羅，亦各有名王。詳如原經，茲不贅。若阿闍世則人王中之殊勝者。俱者何？圍遶釋尊而住也。

佛爲菩薩說大乘無量義經已，隨入無量義處三昧。是時天雨四種妙華，供養佛及大衆；普佛世界六種震動。會中四衆八部等皆大歡喜，得未曾有，一心觀佛。爾時佛放眉間白毫相光，徹照東方萬八千世界。下至阿鼻地獄，上至阿迦尼吒天，盡見其中六趣衆生，及諸聲聞之得道；諸菩薩之修因；諸佛之入滅。諸佛滅已，弟子復起七寶塔供養佛舍利。

此別序也。以教菩薩入無量義處爲基礎；以放毫光照東方佛國爲境界。釋尊將演法華，先說無量義經者，以菩薩須與無量義相應，方堪接受法華也。是種經典寓一本萬殊深旨。得其本者，直達菩提心妙體。依智起用，能以一身示無量形；一音顯無量理。學人如法受持，一向雖未修習六波羅蜜，而六波羅蜜自然現前；即身復得無生忍，生死煩惱一時頓斷。由此接受法華，庶無障礙。然初心菩薩未徹本性，如何能顯此等清淨心地？則須仗佛加護而後有成。故是經具名「無量義教菩薩法佛所護念」三昧義爲正受，或定，卽心住一處不被搖動也。

釋尊說是經已隨入無量義處三昧者，所以強其力用，令會衆皆見瑞相也。在此力用之下，驚覺十方如來共起加持；所有佛土從而六種震動，諸天普雨妙花。六種震動者：一曰動，二曰起，三曰涌，四曰震，五曰吼，六曰擊；取震動二字概括六種態勢也。妙花有四種：一曰曼陀羅，指適意白團花；二曰摩訶曼陀羅，指白團之較大者；三曰曼殊沙花，指柔軟赤團花；四曰摩訶曼殊沙花，指赤團之較大者。

是經本以菩薩爲當機，而四衆八部等受強大加持力，亦得見東方萬八千世界一切事相。六趣衆生固無所不現，聲聞菩薩諸佛勝跡亦概呈目前。普佛世界震動，當機獨見東方萬八千世界者，蒙十方如來以「一切種智」加持，先提起本具普賢心；應諸外迹，許見東方局部佛土也。阿鼻義爲無間，乃地獄之至下者。阿迦尼吒義爲色究竟，乃色界諸天之最高者。佛舍利卽佛之遺骨。

彌勒菩薩覩是神變已，心念世尊入此不思議三昧，事甚希有；與四衆八部同一疑情欲求解決。于是代表大衆向文殊師利菩薩啓問瑞相因緣。

彌勒正譯梅怛麗藥，義爲慈氏；乃釋尊座下「補處」（繼釋尊成佛者）菩薩之姓。別名阿逸多，則「無能勝」之義。二千五百年前，隨釋尊應世示生于南印度婆羅門家；先佛入滅，上生兜率內院四千歲滿，（當閻浮提五十六億七千萬歲後）下生此土；繼釋尊之後爲賢劫第五位應身佛。夙世恆修慈心三昧，故取以爲姓，（或曰名）溯其本願，乃毘盧遮那心數中金剛因菩薩所支持者。故世世能依慈心三昧，廣轉法輪爲衆生植菩提因。實則慈悲喜捨四無量心早已成就；獨稱慈氏，舉一攝餘也。隨時可以成佛，而懸記五十六億七千萬歲後乃克應現；三乘教人共業所感，彼時方告緣熟也。無量義經爲法華前驅，彌勒非不知之而必諮詢文殊師利者，藉文殊答詞以釋羣疑云爾。

神變者，以神通力變化事相，出乎大衆常識之外者也。識力所不能窮究，謂之不可思議；略云不思議。瑞相，即上文地動乃至起塔等事。啓問瑞相因緣，即詢何因而致此也。

文殊師利對彌勒及諸大士言：世尊將說一切世間難信之大法，先現此瑞相，過去諸佛不乏其例。如無量無邊不可思議阿僧祇劫之前，有日月燈明如來應世，演說正法；爲諸聲聞緣覺菩薩三類根機廣宣三乘教已而般涅槃。遞次相承，共二萬佛，同名日月燈明，皆說三乘教法。最後之日月燈明如來未出家時有八子各領四天下，威德自在；一名有意二名善意三名無量意四名寶意五名增意六名除疑意七名響意八名法意。八子聞父出家得阿耨多羅三藐三菩提，悉捨王位，一心修行爲大乘法師，各于千萬億佛所植衆德本者。

文殊師利或譯曼殊室利義爲妙吉祥，或妙德，或妙首，通常略稱文殊。此位菩薩具有性相互融之德，入俗無礙。諸佛應世，恆以「文殊三昧」爲所依；故稱諸佛之師。法華境界，瑞相不可思議；文殊能徹其妙，酬答因緣自然如數家珍。論其功行，早已成佛；然以「證智」化他，是其本誓；（見大日經八秘密印）故恆隨諸佛示迹爲法王子。（即佛之子）釋尊時代，則名文殊師利菩薩，誕生于舍衛國多羅聚落婆羅門家；助弘一乘正法。釋尊滅後四百五十年，印度有馬鳴大士出現，堪承其道，乃于本生處入滅。而常住法身，恆密照中國五台山，隨緣應化，神妙莫測。

凡可以意識思議者，其事易信。三乘教法攝機較廣，職是之故。一乘教法離言絕思，唯依密法行之日久，可奏實效。然世間衆生無相當智慧，未明宗旨所在，輒起疑情，故稱難信。此等衆生苟非夙種一乘正因，須以不思議瑞相引其興趣。過去諸佛遇緣熟時，對正信之機，不妨取此方便之行；非唯釋尊爲然。但知見不正者，未便示此瑞相，免墮邪信也。阿僧祇義爲無央數。累言無量無邊不可思議阿僧祇劫者，極言其久遠而已。

如來從受用身應現世間，當機若未開發大量福德，不能見莊嚴佛相。心較淨者，許見化身流露光明。名曰日月燈明如來，表當時衆生多有離塵之志也。然智慧尚淺，未克明心見性，無由領會一乘妙旨。藉識化度，不可不權用三乘教法。對聲聞機爲說四諦；（苦集滅道）對緣覺機爲說十二因緣，（無明行識名色六入觸受愛取有生老死悲歎）對菩薩機爲說四無量心（慈悲喜捨）六波羅蜜（布施持戒安忍精進禪定般若）等。化緣已盡，體察衆生尚無引入一乘機會，則般涅槃，卽泯化身復歸受用境界。

二萬佛歷劫相承，俱名日月燈明如來者，衆生根機無大變異也。唯說三乘教法者，一乘緣分總未成熟也。最後一佛始有福慧雙具之大機出現，皆示迹爲佛之子；在俗爲轉輪王。四天下者，東南西北四大洲也。以威德統馭四洲，原屬金輪聖王；實乃地上菩薩。阿耨多羅三藐三菩提，義爲無上正等正覺。圓滿此道，世間則尊之爲佛。八子以父出家修行克證佛果，知修行宜先離俗；遂各捨王位，專心出世之法。因夙根甚厚，廣植德本；故能自他並度，恆爲大乘法師。蓋一乘將行之前奏也。

是時日月燈明如來爲菩薩根機說大乘無量義經。說已，入無量義處三昧。天雨四種妙華供養佛及大衆;普佛世界六種震動。會中四衆八部皆大歡喜,得未曾有。復見如來放眉間白毫相光,徧照東方萬八千世界,如今所見無異。爾時會中有二十億菩薩願樂聽法者,覩此瑞相,求其因緣,知將爲妙光菩薩說一切世間難信之大法。如來從無量義處三昧出,卽說此「敎菩薩法佛所護念大乘妙法蓮華經」

一乘大法之得流現,必有大智慧者爲正機。其時日月燈明佛座下有妙光菩薩,堪以當選。相緣入世者,復有若干上根作上首弟子,如佛八子之類。八子離俗修行,卽作大乘法師。是知當時行菩薩道者衆。觀「無量義」會中,在座已有二十億菩薩,可知其盛。具此盛況,宜佛宣說妙法蓮華經矣。文殊憑其經驗答復彌勒,雖未遽言釋尊將說何經,大衆固可推知將說法華耳。

日月燈明如來廣宣妙法蓮華經,亘六十小劫身心不動。會衆在座聽受,謂歷六十小劫猶如食頃;無有一人身心懈倦。說是經已,如來自言:今日中夜當般涅槃。隨授記德藏菩薩次當作佛,名淨身如來。中夜時至,卽入滅。滅後妙光菩薩持此法華,滿八十小劫爲人演說。前如來八子復師妙光,以堅固無上妙心。其後歷劫供養無量百千萬億佛,已皆成正覺。最後成者名然燈如來。

深證覺體者，曠劫無異一念。無量無邊偈頌之大經，祇是一念演成。需六十小劫者，循俗諦而言。聽衆謂如食頃，雖仗佛加持力超出凡情之上，猶帶時間見也。食頃之時，歡喜所勵，身心自不致懈倦。最上太教已宣，如來本懷斯暢；可以涅槃。然必付託有人，責任方盡；于是有德藏菩薩授記之事。德者「師利」本義。具足文殊德行，宜其成佛，故與授「補處」之記。然非仍名日月燈明如來，而號淨身者，衆生機類轉趨清淨世界也。日月燈明滅已，妙光菩薩繼續宣揚法華。八子將來成佛，皆利賴之。然燈如來，卽釋教諸經所傳曾爲釋尊授記者。

當時妙光領八百弟子，中有一人，號曰求名，貪著利養，讀誦諸經皆不通利，多所忘失；然得值無量百千萬億諸佛，承事供養讚歎，廣種善根因緣。其人謂誰？卽汝彌勒前身也！妙光非他，乃我文殊前身也！今見此次瑞相與前無異，故知世尊當說大乘妙法蓮華經。

獲得心中妙光，庶能與法華境界相應；故法華正機端推妙光菩薩。八百弟子固皆志求心光發明者。然彼求名菩薩心光尚微，涉世多滯；對于名聞利養未能無住；雖讀誦大乘等經，實不通利。通者，達旨也。利者，無礙也。時或勉強護持其心，尋卽忘失。然于無量佛所植衆德本，終于今世作彌勒菩薩，與于等覺之列。心光妙明者，應諸外迹一切不染；

故今世有文殊師利之名。（具入俗無礙之妙德）文殊答詞唯詳述往事，臨末點出釋尊必說法華，中間未嘗談及法理。此純寓理于事，一乘教法往往如是。

論曰：衆生心中原攝一切種性。能圓證之，則成一切種智而入佛位焉。所謂佛慧佛知佛見諸名，皆緣此智而來。衆生雖未得此智，而所攝一切種性，卻爲成佛之本；故又稱此性爲佛性。已證佛果之人，慈悲所行，恆願一切衆生開發自心佛性，而密密加持之。衆生二障（煩惱障所知障）深厚，雖蒙加持不能自覺。爲補助計，不得不從外迹指示。先令當機破除執著，俾無明漸薄薄至心光自能流露，則佛性見焉矣！基此心光以開發一切性種，佛境漸彰，終成正等正覺；是乃唯一入佛之道。此一乘佛乘之名所由立也。破除執著諸對治法，統屬三乘；祇作一乘預科。應身如來親宣此旨者，厥有妙法蓮華經。是經號曰佛所護念，以加持力爲主也。又曰教菩薩法，凡受持者胥歸菩薩行也。然開權顯實，非屆緣熟不能說；強說之者，反滋流弊。往古日月燈明如來時代，經二萬佛應世，總從預科施教。最後一佛機緣告熟，始有法華之演。遭遇之難如此！丁茲末世，猶得于釋尊遺教中窺見是經，爲可不知寶貴耶？

第二　開權品

如來爲宣揚一乘宗旨而應世根機不相及，則曲垂方便，權說三乘教法以引之；所謂「爲實施權」是也。今將開權顯實，不可不揭出大權方便之用意，俾當機專心轉向一乘；故本經于序品之次繼以此品。

爾時世尊從無量義處三昧安詳而起，告舍利弗言：諸佛智慧甚深無量，難解難入，一切聲聞辟支佛等所不能知。所以者何？如來曾親近無量諸佛，盡行其道；以精進力成就甚深未曾有法，方便波羅蜜，知見波羅蜜，皆已具足。故我自成佛以來，以種種因緣種種譬喻，廣演言教；以無數方便導引衆生令離諸著。然隨宜所說，皆寓一乘意趣；非權機所能契會。

世尊在三昧中以神力加持會衆，彌勒文殊相與問答其間，俾大衆明了瑞相因緣，然後從三昧起表示宗旨。特告舍利弗者，以其智慧第一，堪稱當機也。舍利弗具譯舍利弗多羅，義爲鶖子。舍利即鶖，（舊註作身解，誤）乃其母之號。在胎時母聰穎善辯，舌靈如鶖，人以是稱之。弗多羅即子也。諸佛智慧，直達心源，故曰甚深；莫測邊際，故曰無量；實即一切種智也。所演境界，大別二門：一曰三昧門，二曰智慧門。今表演三昧瑞相之後，特說智慧妙用；

以無此殊勝智慧，不能建立一乘大教故。此等智慧，以二空眞如爲基礎；聲聞緣覺不過能契生空，無從領會佛之智慧，不惟難入，抑亦難解！原夫一切種性，雖衆生所本具；而欲修成一切種智，須盡挹諸佛之特長而融會之。親近無量諸佛，以精進力盡行其道，即圓成己之一切種智矣。成就如是甚深未曾有法，（三乘所未有之深法）則無量方便，無量知見，皆能于波羅蜜中自在顯現。其以一切種智化度衆生也，深知機類差別；施設種種方便教法，引令入道，總以離諸執著爲先務。譬喻萬端，無非作一乘階梯。然機類方汨沒于權教之中，未知一乘意趣所在耳！

復告舍利弗：如來知見，廣大深遠，無量無礙。十力，四無所畏，一切禪定解脫，皆深入無際；無邊未曾有法，皆悉成就。

心了曰知，眼了曰見。衆生知見，不離于識；已非廣大深遠；且復有量有礙；識執爲累也。如來知見，純從妙智開出，絕無牽罣；故逈不同。惟其廣大深遠，無量無礙，故所證境界不可測度；無以名之，名曰深入無際。金剛法界中，無邊義利，莫不成就，三乘人向所未遇，是謂未曾有法。

十力者，如來獨具之神力也。一曰「知是處非處智力，」謂于一切因緣果報，如實偏知。（如作善業知定得樂報名知是處作惡業知必不得樂報名知非處）二曰「知三世業報智力，」謂：于一切衆生過現未三世業緣果報生處，皆實知之。三曰「知諸禪解脫三昧智力，」謂：于諸禪，（定中如理靜慮曰禪）八解脫，（1觀內色不淨2觀外色不淨3觀淨色4空無邊5識無邊6無所有7非想非非想8滅受想諸定）三三昧，（空無相無作三種）皆實知之。四曰「知諸根勝劣智力，」謂：于諸衆生根性勝劣，得果大小，皆如實偏知。五曰「知種種解智力，」謂：于衆生種種知解不同，如實偏知。六曰「知種種界智力，」謂：于衆生種種界分不同，如實偏知。七曰「知一切至處道智力，」謂：于六道有漏行所至處，涅槃道無漏行所至處，皆如實偏知。（如知持戒生天離執得解脫等）八曰「知天眼無礙智力，」謂：以天眼見諸衆生生死妍媸善惡業緣，皆悉無礙。九曰「知宿命無漏智力，」謂：于衆生宿命（一世乃至無量多世）死此生彼姓名飲食苦樂壽命，皆如實偏知。十曰「知永斷習氣智力，」謂：于一切惑餘習氣，實知永斷不生。

四無所畏者，如來十力內充，對衆演說，絕無恐懼；大要凡四：一曰「一切智智所無畏，」謂：于大衆中作師子吼：我爲具足一切智智者，無些怖心。（世出世法盡知盡見名具足一切智智常途略稱一切智）二曰漏盡無所畏，」謂：于大衆中作師子吼；我斷盡一切煩惱，無些怖心。三曰「說障道無所畏，」謂：于大衆中作師子吼：我說障害佛道之法，無些怖心。（說彼魔外等障道之邪法名說障道）四曰說盡苦道無所畏，」謂于大衆中作師子吼：我所說法能盡諸苦，無些怖心。

禪與定義本有別。然禪定合成一名，已爲佛典熟語，藉示同類之事也。有世間禪定，如色界無色界所習者是。有出世間禪定，如三乘人所習者是。深入無際，則一乘究竟禪定也。常途所謂解脫，如十力中第三條之八解脫及三三昧所成之三解脫，皆是。本經所謂深入無際之解脫，則直與法身相應者也。

所謂諸法如是相，如是性，如是體，如是力，如是作，如是因，如是緣，如是果，如是報，如是本末究竟等，無不通達至極。然此唯佛與佛乃能會契，非汝等所堪聞。止！——舍利弗，不須復說？

如是相至如是本末究竟，謂之十如是句，爲法華經之根本依；乃以佛知見洞徹諸法實際也。分釋如左：

（一）如是相

任何法相，不離於識。有分別識；有執持識；有含藏識；粗細不同，所緣統稱法相。若離去諸識，獨存「識大」本性；凡所有相，融歸一味如如實相；此謂「如是相」。

（二）如是性

泯識顯智，則一切法相皆呈法性妙致。性性雖各有特徵；而如如然互不相礙；此謂

「如是性。」

(三)如是體

會相歸性，尙矣。仍屬智量，非是最深法源。最深處卽是法體，相性都無。雖則皆空，而卻有不空條理在；卽一切分位種性互相賅攝之理趣也。于大空中契會此體，卽「如是體。」

(四)如是力

以自種性境界波動他種性境界，謂之「力。」力祇一味靈活作用，借自境引起他境同類活動，並非實質相給；是名「如是力。」

(五)如是作

自種性中欲加強所欲現之境界，須起相當作爲以開發之。開發至適宜之度，則境界成立。然非作成；乃熟習開發之方耳；是謂「如是作。」

(六)如是因

仗某種機緣，引起自他心中之某種活動；若在初步，謂之種因。此「因」種非由外來；乃心中本有；不過因外緣而初啓耳；是名「如是因。」

（七）如是緣

緣有四種：一親因緣，二等無間緣，三所緣緣，四增上緣，皆心不相應法，（詳法相教）但有虛名者。究實乃依妙觀察智支配力，隨意識幻出緣相而已；此謂「如是緣」。

（八）如是果

果有五種：一異熟果，（分配六趣）二等流果，（夙根表現）三離繫果，（解脫道）四士用果，（人事所得）五增上果。（種種助力）諸果乃由諸因引起，非諸因之所變；是謂「如是果」。

（九）如是報

報者，報應也。卽果之現象。善趣，惡趣，樂感，苦感，無非酬報往昔之因業。其實亦心不相應法之一。明此相關之條理，卽契「如是報」。

（十）如是本末究竟

法體爲本，法相爲末。由本開末，攝末歸本，各知其究竟；此謂如是本末究竟。

以上十句，非具佛之知見，必不能一一窮其原委。以體言之：泛言如實不空而不審種性互攝之理；猶是菩薩以下見地也。至若本末究竟，必于衆生世界之所由來，莫不了了，乃足當之。然必金剛法界洞開，方稱造極。此非圓證佛果不能也。二乘固不解佛知見爲何？權大乘亦非所曉，驟說此旨，恐彼輩向爲相似境界所蔽，不能深信。曰「止不須復說」者，所以激發若輩之志，俾傾心接受此無上妙法耳。中間加呼舍利弗，乃梵語慣例。

爾時衆中漏盡阿羅漢憍陳如等千二百人，及發二乘心諸比丘比丘尼，優婆塞，優婆夷，各作是念：佛說解脫義，我等能依其法得入涅槃。今者世尊何故目爲方便？謂佛所得甚深難解；有所言說，意趣難知；一切聲聞辟支佛等所不能及。我等誠未明斯義所在。舍利弗知四衆心疑，自亦以爲未了；于是白佛言：世尊，以何因緣殷重稱歎諸佛第一方便甚深難解之法？此法向所未聞，無怪四衆咸疑。唯願世尊暢演厥旨。佛復遮言：止！止！不須復說！我若暢說，大衆皆當驚駭！

憍陳如等千二百阿羅漢，即經初所列上首弟子。二乘四衆，學無學人俱有之。此輩習聞解脫之義，以得離分段生死爲限。雖依法得入涅槃，不過相似境界。佛說此義，祇方便引至中途，于解脫變易生死及安住究竟涅槃之道，尙未之及。至一乘所談一切種智，尤稱甚深難解。故一切聲聞緣覺皆非當機。舍利弗心知若輩不明此義，己亦示作未曉佛之意趣如何？于是代表大衆請佛宣說。妙法本離言說；一涉言說，即屬方便。一乘教稱第一方便者，高于一切三乘教故。佛重言止止以遮之者，大衆一向以如來權教至高無上；今忽打破舊說，必感徬徨無措而起大惑也。

舍利弗重白佛言：世尊，唯願說之！唯願說之！所以者何？是會無數百千萬億阿僧祇衆生，曾值諸佛，其根器猛利智慧明了者，聞佛所說，皆當敬信不疑。佛仍遮言：止！止！不須復說！我若說者，不惟無量世間天人阿修羅聞而驚駭，彼增上慢比丘輩且將墮于火坑！

舍利弗自顧根器猛利智慧明了，四衆中亦大有人在；皆當聞而敬信；故亟願世尊宣說。世尊則以夙植諸佛之四衆，固多上根利器，堪聞此道；而世間天人阿修羅，大都呆信三乘教，自以爲在家不敢與出家比；今說一乘，乃蒙同等待遇，不免驚疑駭異；素以出家人自尊，卑視在家者，聞此更將傲然不信。由毀謗故，獲墮火坑之罪。

舍利弗三白佛言：世尊，唯願說之！唯願說之！今此會中，如我等類百千萬億之人，世世已曾受佛教化；必能敬信，長夜安隱，多所饒益。於是佛告舍利弗言：汝已慇懃三請，當爲汝等暢說。皆當諦聽！善思念之！佛說是語時，威神力故，會中有比丘、比丘尼、優婆塞、優婆夷，凡五千人，即從座起，禮佛而退。所以者何？此輩罪障深重，懷增上慢，未得謂得，未證謂證，不願更聞新義。時佛亦任其退席，默不制止。

舍利弗急欲大衆聞此一乘大法者，以從前雖備聞三乘之教，且多證阿羅漢果，總覺未能長夜安隱；「所知障」覆蔽故。若得聞究竟之道，饒益何限？寧有不敬信之理！故代表一類利根，三次請說。佛以當機已具殷重信心，自應如量發揮。但增上慢輩傲然在座，或以出家爲尊，或以權教爲極；宣說有所未便。于是運威神力，令彼輩自行退席，俾得大暢厥旨。中間以諦聽善思誡當機者，以此最高法理，若聽而不諦，與念而不思，皆非能深契法源者也。

爾時佛告舍利弗：此輩增上慢人自行退席，實適我心。今此大衆純一無雜，可以暢說妙法矣。如是妙法，諸如來隨宜偶說，如優曇鉢華，時或一現。法意深奧，汝等難曉。諸佛唯以一大事因緣出現于世！汝等唯當淨信。其善聽之。云何大事因緣？所謂隨種種因緣，設種種方便，令衆生顯現佛知佛見。程序有四：一者開佛知見，二者示佛知見，三者悟佛知見，四者入佛知見。此爲教化菩薩唯一法門；特名一乘，亦曰佛乘。如來雖爲衆生廣說餘乘，無非方便引入此乘。

一乘妙法，速疾成佛，非意識所能測度；當機唯以淨信接之。時機已熟，諸佛乃肯宣說。優曇鉢具云優曇鉢羅，義爲瑞應；葉似梨樹，果大如拳，乃無花果；遇金輪王出世始開花。所謂曇花一現，喻時機之難值也。法意深奧，非思量分別之所能曉；聽者唯當以淨信接之。（不雜染意曰淨）善聽者，誡勿誤會也。諸佛以何因緣出現于世？無非欲衆生獲得佛之知見。佛心所會曰佛知；佛眼所會曰佛見。獲此知見爲最殊勝之事，故曰大事。開示悟入爲實現佛知佛見之四大法門；理甚精微，詳品末特論；是乃教菩薩成佛之唯一要道。不學此乘而能成佛，無有是處。如來廣說種種方便法，皆作此乘預科而已。

舍利弗，如來但以唯一佛乘化度衆生；二乘三乘皆權宜施設。十方三世諸佛亦復如是。是諸衆生聞此乘故，究竟皆得一切種智。

一切種智爲佛知佛見之總匯；一乘教宗旨即在此處。未會一乘之前，所聞二乘三乘之法，皆爲一切種智之引端。及其成佛，權乘諸說卻無非一切種智之屬性。是知方便與究竟，非一非二。

復次，舍利弗，諸佛出於五濁惡世，衆生垢重，慳貪嫉妬，成就諸不善根，未堪遽聞一乘；故權說三乘引誘之。若我弟子自謂已得阿羅漢辟支佛果，而於如來一乘本旨不知不聞；此非弟子，亦非真阿羅漢，非真辟支佛。是故諸比丘不信一乘而能實證阿羅漢，無有是處。其自以爲真實者，是謂增上慢人。

五濁惡世者，淸淨時期已過，（人壽減至二萬歲下）轉入渾濁階段也。內有劫濁，見濁，煩惱濁，衆生濁，命濁，之名。劫濁乃時代總稱。在此時代中，衆生分別之見日盛，如身見邊見邪見等，是名見濁。衆生煩惱之心甚重，如貪瞋癡慢疑等，是名煩惱濁。衆生互相欺詐爭奪，損他利己，去寧靜之境日遠，是名衆生濁。衆生壽命日促，由二萬歲漸減至百歲乃至十歲，且多中夭及橫死，是名命濁。如來爲對治此等劣機，姑以三乘法調練之；充其量祇得相似覺，不能稱爲佛子；以佛子必與一乘法流相通也。所謂阿羅漢辟支佛等果，皆非真實；亦以未接一乘法流故。從此須更入一乘大道，親受諸佛加持力而發皇之；乃可與言實證。若遽自滿足，即墮增上慢輩。

如是妙法，佛滅度後，能如實受持讀誦解說者，是人甚爲希有。汝等當佛住世，應一心信解受持一乘真旨。

佛滅度後，若無善知識領導，則加持力隱，不易如實受持讀誦解說。如實者，與一乘法流相應之謂。非得如實之道，縱能受持讀誦解說，祇得皮相耳。故當佛住世之時，亟宜體認一乘真旨而信解受持之；加持力厚，易成就也。

論曰：由三乘轉入一乘，以通達「十如是句」爲基；從此可實現佛之智慧；所謂第一方便教法也。然當機須因指見月。若不能直透心源；祇憑意識理解；則十如是句仍三乘教攝。佛欲說輒止，至再至三；無非激勵大衆以深心接受耳。開示悟入四階段，乃啓發四智之程序，全仗佛力加持，其義甚奧。於此不達，任如何詮釋法華，總在門外。今分標要旨如左：

（1）如何是開佛知見乎？

世尊入普賢三摩地，加持當機，令隱發大圓鏡智也。此智卽一切種智之別名，爲佛知佛見之主體。若未顯現，餘智皆非究竟。當機未破根本無明以前，此智本來潛伏不彰；雖長受諸佛加持，心中總難自覺。權乘菩薩苦心修行，歷盡三大阿僧祇劫，猶未洞明；以一切種性開發未周也。若得如來特別加持，以大圓鏡智威力打入當機內心，暫令明朗，遂顯開佛知見真實境界矣。此境開時，自心頓覺大慈無量，攝受一切衆生。而十方諸佛菩薩種性亦呈露其中，爲「序品」等得見諸佛菩薩妙相張本。

（2）如何示佛知見乎？

世尊入虛空藏三摩地，以殊勝事相昭示當機，藉發展其平等性智也。當機若見性者，平等性智本已開顯；惟所呈事相不離衆生界，間有佛境現前，不過尋常因緣所生法；其夙生未種之因，無從開爲妙相。今仗世尊加持力，大圓鏡智暫行開發時，由虛空藏大用，任何佛菩薩淨種皆得隨機示現色身；是爲「示佛知見」真實境界。上文序品之見東方萬八千佛，下文涌出品之見地下無量菩薩等，皆示相之事例。

（3）如何是悟佛知見乎？

世尊入觀自在三摩地，加持當機，令起妙觀察智，默契法界深密條理也。萬法平等，不妨同時並現；而相互間之條理，在大空中釐然不亂。得其深密理致，以智力運用之，一切法流莫不隱顯自在；則成法界智慧身。法流變化不窮，此能運用之身，卻常住不異；故有無量壽之名。法流過處，加以涵泳，任何種性皆得開敷如蓮花。多種齊涌，斯成蓮花世界；常住之無量壽佛，遂永受用於蓮邦。而以六識分位觀之，從各別空間時間幻出無數化迹，國土無邊，劫數無量，要皆一念中事。得此智慧，斯為「悟佛知見」真實境界。下文如來壽量品，即指釋尊所從出之智慧身。

（4）如何是入佛知見乎？

世尊入虛空庫三摩地，當機蒙其加持，能密運成所作智之力，起不思議之神變也。開佛知見，乃植佛因；示佛知見，斯睹佛境；悟佛知見，則契佛心。心雖契佛，而身未能神變無礙，尚有微細殘惑為障耳。此障非入金剛後心無法斷盡。故未究竟成佛之前，成所作智不克隨意運用。但得世尊殊勝加持力，仍能轉大法輪，應化無方；得稱「入佛知見真實境界」。下文來往普門二品，皆入佛知見之極則也。

以上開示悟入奧義，爲一乘教之綱領。諸佛出世本懷，無非以此等知見加持衆生，令漸發展。雖從權俯說三乘教法，而加持潛力未嘗或廢。不過根機利者其覺頓；鈍者其覺漸耳。頓機隨時得聞法華妙旨。釋尊當日靈山之會，爲集合多數漸機而設也。

第三　舍利弗授記品

前品方便引入一乘之旨，舍利弗聞而頓悟；遂蒙授記；爲法華會上選佛第一聲。古譯列譬喻品（晉名應時品）之首。然察其條理，應附前品之末。今獨標一品，以表殊特。

爾時舍利弗踴躍起座，合掌白佛言：今從世尊聞此法音，心大歡喜，得未曾有。所以者何？世尊昔演如是大乘法，見諸菩薩授記作佛；而我等不預其列。甚自感傷。每疑大衆同依法界性，云何我等不契如來知見，祗從小乘濟度？悔我等不究如來方便之旨；初聞權說，遽爾信受，思維取證。若待如來暢說菩提心開發之道，然後起修；當從大乘度脫。世尊，我自尅責非一朝一夕。今聞如來演此未曾有法，疑悔斷除；身心安泰；自知真是佛子，與如來三業相應。

此明舍利弗聞一乘之旨而心領神會也。如是大乘，世尊時有宣說。聲聞之輩，不堪接受；讓諸菩薩紛紛授記。舍利弗能自感傷，足徵智慧較爲明敏。同是法界中生，而於如來知見總不契會；所接受者不過小乘教法；初固以此爲疑。復念己之不得大乘，非佛吝而不與；咎由一聞權說，未及揀擇，急於求證；遂致滯於小果，不克自拔。使能細心參巧，於備聞無上大道之後，乃由解而行，定入菩薩之位。不此之圖，悔也何及！此其所以日夕自責也。然時節因緣一到，一乘大法竟現於心；而收「悟佛知見」之殊績。前此疑悔，皆不復存，大爲身心安泰之增上緣力。悟佛知見，卽洞徹佛乘之妙。自體原來匯歸法界，爲如來心數之一。其出現於世間，從佛身生；如來法身所融攝故。從佛口生；如來妙音所潤澤故。從佛意生；如來淨念所楷模故。自信眞爲佛子；以此返視三乘教人，不論住何果位，乃至身爲如來上首弟子，號稱智慧第一，皆不足名佛子焉。

佛於大衆中宣言：舍利弗，我昔於二萬億佛所求無上道時，汝恆隨我受學；我方便教導，令汝志向佛乘。汝今乃忘夙願，偏從小乘修證，自謂已得滅度。爲令還憶本願故，對汝等聲聞說是大乘妙法蓮華經。汝特契悟，應蒙授記。

此明舍利弗原是釋尊心數之一，故於二萬億佛所求無上道時，恆隱受熏習。現諸外迹，則有「衆生數」世世從之學法。釋尊自大通智勝佛所，受此法華經以來，歷劫皆習此道。本曾親近四萬億佛，今云二萬億，約舍利弗現衆生身從學言之。從學時頻聞唯一佛乘之道；遵師訓故，未嘗不發大願以求之。今於釋尊廣說三乘之期，乃急不暇擇，遽向小乘取證。得果之後，甚難變更。雖屢聞佛說大法，爲諸菩薩授記；已亦無心轉學。直至法華盛會，蒙強大加持力，乃得衝動其心，頓憶本願而悟佛知見焉。於是首預授記之列。

舍利弗，汝於來世過無量無邊不可思議劫，供養若干千萬億佛，奉持正法，圓滿萬行，當得作佛，名華光世尊，十號具足。國名離垢，平正清淨。劫名大寶莊嚴。彼佛出時，雖非惡世；隨衆生根，說三乘教。其國菩薩，無量無邊不可思議，皆久植德本，夙淨梵行，修佛智慧，具大神通，善知一切法門；若欲行時，寶華承足。彼佛壽量十二小劫；人民壽量八小劫。佛壽垂盡，爲堅滿菩薩授記，告比丘言：是堅滿菩薩，次當作佛，號華足安行如來；國土莊嚴，與前無異。

須越如許劫而後作佛者，經長期時節，因緣始熟也。正法兼攝三乘；萬行不離六度。華光者，蓮華發光之義；修習法華之極果。世尊乃弟子對佛通稱；世間至尊之義。十號具足者，世尊在人間示迹成道，必具十種名號：一曰如來，如如中現二曰應供，即漏盡大阿羅漢之最究竟者三曰正遍知，得阿耨多羅三藐三菩提四曰明行足，持名之行圓滿五曰善逝，善入涅槃六曰世間解，世間法無不了解七曰無上士，其德至高無上八曰調御丈夫，雄猛無比九曰天人師，天人皆應奉爲師表十曰佛。佛陀略稱即圓證大覺者清淨世界，自然離垢平正。大寶莊嚴，則亘此大劫恆莊校嚴飾，非惟華光如來住世爲然也。世非惡濁，仍說三乘者，多數根機智慧未啓，不堪逕聞一乘耳。若彼德厚行淨，具有智慧神通，善知一切法門，行時寶華承足，諸大菩薩，則固隨時得聞法華者。而以堅滿菩薩爲上首。

堅滿者，普賢心堅固圓滿之義。華光如來臨終授記，謂當繼位作佛，名華足安行如來。則以寶華承足而行，乃具普賢性之金剛薩埵通德也。參觀密軌

爾時四衆八部等，見舍利弗於佛前受阿耨多羅三藐三菩提記，皆大歡喜，踴躍無量；各脫身上衣以供養佛。諸天伎樂百千萬種，一時俱作，天雨衆華。同作是言：佛昔于波羅奈初轉法輪，今乃復轉無上最大法輪。

以衣華伎樂而作供養，本尋常事；所異者，大衆同作是言：自波羅奈國初轉法輪以來，至今始轉無上最大法輪耳。初轉小乘法輪，即在波羅奈鹿苑度憍陳如等五人。其後逐漸進步，三乘竝轉。直至此次，始轉一乘無上法輪。規模絕鉅，故稱最大。四衆八部之能若是歡喜讚歎者，乃約上根言之。一念淨信，即在授記之列；不過熏習尚少，未得詳細記莂如舍利弗耳。

論曰：諸佛應身入世，志在弘揚一乘；恆常開演法華，未嘗暫輟。利根智慧較高，鈍根調練已熟者，隨時皆得與聞。釋尊應世，印度學人多由梵志轉習小乘；安于權說，無心上進；雖屢見諸菩薩授記，大都漠不相關。調練未至，總難激發故。彼四衆八部等于舍利弗授記之際，方見如來轉無上最大法輪；祇就當機見地言之。非釋尊暮年始有法華之說也。

菩薩修因，心王心所同時熏習及其成佛，心法全淨；法界壇中主伴分明；開爲外迹，諸心數皆示菩薩尊形；常途有倒駕慈航之語，卽主尊如來之等流身也。衆生根機若與所示菩薩同種性者，則爲「本尊」被攝之機。學其三密，決定得度。舍利弗與如來自心般若同性。世世隨釋尊受學者，熏發此性也。二萬億佛以來，長夜熏習，般若波羅密早相應矣。釋尊顯現圓滿佛身，舍利弗應于座前現般若菩薩之形。爲俯順機宜故，釋尊于印度示比丘相；舍利弗從而示作聲聞弟子。號稱智慧第一者，般若菩薩本德也。爲根機較勝之四衆八部表率，特于法華大會中權示初悟而蒙佛授記；蓋爲激發大衆歡喜之心而然。無量劫前，舍利弗曾一度作金龍陀如來，豈真待不思議劫後始成華光如來耶？必于不思議劫後始再示迹成佛，大衆共感三十二相之機緣方復成熟云爾。

第四 三車喻品

鈍根衆生，迷于六塵，情識甚熾；非設三乘教法，廣行警惕不可；此三車喻之所由也。情識已離，然後引入性海，令悟佛之知見；諸佛出世本懷，原來如是。舍利弗默契此旨，故作請問者，欲藉佛說以釋羣疑也。

爾時舍利弗白佛言：我今親蒙授記，無復疑悔。然佛夙示我等遠離生老病死，究竟涅槃之道，學人皆以泯我見有無見為宗。是中千二百阿羅漢，即從此道得解脫者。今聞世尊抑為方便，四衆疑悔叢生；唯願世尊宣說理由以安慰之。

會得佛旨，自然疑悔頓除，宜蒙授記。授記有直接間接之分。直接者，當面授記也。故曰「親」。回顧數十年來佛之教法，注重遠離生老病死歸于寂靜。衆生心不能寂靜者，于己恆執我見，于事恆執有無見。淨此二見，煩惱則斷，得阿羅漢果。座中千二百人固已證此。其餘四衆，或證或未證，總以捨去二見為唯一解脫法門。甚或以為最高無上。忽聞開權顯實之說，勢必由疑而悔。疑者，疑佛前後自語相違；悔者，悔己慣習方便權法也。

佛言：我曾譚諸佛隨種種因緣，設種種譬喻，教化衆生；無非曲垂方便，引入菩提大道矣。今復以譬喩明之；智者每因譬喩得解故。

曾謂者，開權品首段曾作此等語也。語後略談十如是句，爲暢發佛知佛見之引端。當時千二百阿羅漢，及其他四衆，已皆懷疑。雖佛實地指出開示悟入四門妙旨；惟除舍利弗當下徹悟，利根四衆亦有一念淨信者外；餘則依然疑惑不解。所以釋疑解惑，往往能以譬喩引人入勝。本經譬喩頗多；此品初舉三車玩具爲例。

舍利弗，譬喩國中有大長者，資財無量，眷屬甚衆；年已老邁，宅亦朽壞；諸兒智愚不一，皆事酣嬉，罔知危險。宅忽失火，延及四周；兒猶貪著戲玩，無求出意。長者思維：祇有一門可出火宅。亟詔諸兒速疾奔逃。諸兒弗顧，戲玩如故。長者知兒弱點，咸在玩物，因哄之云：羊車鹿車牛車，皆玩具中王；今置門外；汝等迅取勿誤。諸兒聞言，踴躍爭出；集衢道中，向父索車。父謂：三車仍劣，惟有大白牛車最稱殊勝。遂各賜一乘。諸兒得未曾有，大喜過望。舍利弗，是長者先稱三車，至實後忽抑爲下劣；而賜諸兒以大白牛車，犯妄語過不？舍利弗言：不也，世尊。長者以方便語哄諸兒出火宅，得免于難；縱一無所賜，猶非妄語；況更與最勝之車耶！

此依大衆常識，明權說之不可廢也。長者爲齒德俱尊之通稱，亦兼攝多財高位之謹厚者。就喩事觀之：父之愛子，無所不至；恆欲子皆成器，將來承受全部遺產；當其童稚，詳愼保護諸子少不更事，惟求戲玩不知危險；火燒其宅，且視爲奇觀，如何肯避而去之！出此火宅，唯有一門；懒之不從，不得不投其所好，而誘之以權術。三車者，諸子向所未聞者也。乍聆新穎之名，以爲必較火燒更有可觀；宜皆爭從門出也。已抵衢道，所謂三車乃烏有之事；亟宜賜以眞實寶物以悦之。于火宅內不直說大白牛車者，諸子無「大白牛」常識，或不能起其信心；羊鹿牛皆習見之獸，以之駕車，當有一番奇趣；故能聞而卽出，不復眷戀宅中火景矣。如來特以是否妄語徵舍利弗答詞；藉此奮興衆心也。

佛告舍利弗言：善哉！善哉！如汝所說。如來爲一切衆生之父；于危險三界中顯現佛身悲智具足；導引衆生離三毒火，得無上道。而衆生貪著三界假樂，不求解脫；若直示唯一佛乘，尤不相入；故先以權說誘之；所謂聲聞乘緣覺乘菩薩乘是也。志樂聲聞乘者，猶貪羊車小兒；志樂緣覺乘者，猶貪鹿車小兒；志樂菩薩乘者，猶貪牛車小兒。及諸學人解脫三界纏縛，或住涅槃；或證無生；于是示以佛乘；猶諸兒已出火宅，等賜大白牛車。如來先稱三乘，後讚一乘，不犯妄語過；與長者大權方便無異。

此正明如來權敎之隨順機宜也。長者喻佛；諸子喻衆生；火宅喻三界；其意易知。悲智，爲佛之廣大資財，欲衆生充分承受者。得此資財，自能經營莊嚴安樂之巨廈而長居之；何用留戀朽壞且火之敝宅耶？然衆生爲三毒所困，恆以煩惱火自焚；更從火宅中尋求快樂；教以脫離三界，尚目笑存焉。若說人人皆當作佛，宜勤苦修行以得之；則尤視爲妄誕之語，蓋以世間虛僞快樂，是衆生最上目標；捨此別無所謂真正快樂也者。是故如來雖慈悲無量，亦不能遽拔衆生皆出三界之外。因勢利導，乃方便救濟之手段。普通機緣，大別三類：其一，衆生有相當經驗，知諸苦交煎，非講求趨避不可；則示以小乘教法；所謂四諦是也。其二，衆生有相當思想；知輪迴等說，非通達義理不可；則示以中乘教法；所謂十二因緣是也。其三，衆生具慈悲願力，或有救濟善行，可以擴大其志，普利羣衆者，則示以大乘教法；所謂六度萬行是也。鹿較羊爲優秀；牛較羊鹿爲大力；所配三車，當亦勝劣不同。隨諸子所好，任其追求；喻三乘教法有高下，視衆生根性所近，方便教導也。三車乃假設；三乘亦權說；大白牛車，實有其物，不同三車之假；一乘佛果，實有其報，不同三乘之權。其事相類，故以爲喻。

論曰：二乘之住涅槃，大乘之證無生，雖皆契會真諦；而于受用法身不知開顯，故無莊嚴實報可言；目之爲權，以所得不過空果也。縱能現身化佛，具三十二相；祇由歷劫積福所致，屬「因緣所生法」，非受用身比。必須接以一乘，直彰佛性，方與法身相應。鈍根衆生，若逕與語法身妙德，徒滋疑謗，無所利益。遮情之道，意識易會。謂超三界之上，有偏真妙境；向習世間禪定者，頗有樂而求之；及達此地，乃空無所獲，容或自失；然從而施以三密加持。令其自心萌動，遂植菩提之因。如來度生本懷，至此始暢。所謂為實施權，要旨在是。但衆生一味留戀火宅，雖欲施以權法亦不可得；則須靜待機緣已。

第五 窮子喻品

開權顯實，上根頓明；舍利弗及四衆一部分，皆能歡喜接受。次爲者不免懷疑，世尊更說三車喻以曉之；中根乃得信解。迦葉等權示當機之位，特申窮子之喻，藉表轉迷啓悟之樂爲古譯命名信解品，約悟後之淨信深解也。

爾時摩訶迦葉慧命須菩提摩訶迦旃延摩訶目犍連遇此未曾有法，且見舍利弗親蒙授記；聞三車喻已，皆大歡喜，胡跪佛前，合掌白言：我等忝居僧首，年並衰朽；自謂已得涅槃，不復進求菩提大道；雖歷預法席，而身體疲懈；不堪與聞菩薩遊戲神通，嚴淨佛土，成就衆生，諸殊勝法；在座惟念空，無相，無作，三解脫門；蓋遵世尊初教，以得出三界，自足于阿耨多羅三藐三菩提，不敢覬往；今知聲聞亦堪授記，迥出意表，深自慶幸，猶如窮人忽獲無量珍寶，憫傷昔迷，應申一喻。

摩訶，大也，勝也；名上加此，示殊勝或偉大也。迦葉具云迦葉波，姓也。（義爲飲光）本名畢鉢羅，（樹名）禱于此樹而生故。是人爲摩竭陀國大富婆羅門之子；父母既逝，即出家求道；嗣師釋尊而證阿羅漢果；頭陀（義爲苦行）第一；最後則傳佛心印，爲禪宗初祖；通名摩訶迦葉，藉示

殊勝，異于其他姓迦葉者。

須菩提新譯蘇部底，義爲善現。或曰空生亦曰妙生 生時于虛空中妙能隱顯器物，故以爲名。慧命，具云法身慧命，卽身具法身相應之慧。釋尊諸大弟子中，解空第一；爲阿羅漢最先見佛法身之人；故常加慧命二字于名上。

迦旃延新譯迦多衍那，義爲剪剔，姓也；名那羅陀。聰穎異常。其兄遊學外國多年，具解世間諸法，歸國宣說，得大聲譽。那羅陀年尚稚，一聞兄說，盡通其學。後從佛出家，得阿羅漢果；議論第一；世以摩訶迦旃延稱之。

目犍連新譯沒特伽羅，義爲讚誦，或曰採菽 姓也。少與舍利弗同習外道。後因馬星比丘介紹見佛，尋證阿羅漢果。佛大弟子中稱爲神通第一。名上加摩訶，亦示其殊勝，異于其他姓目犍連者。

未曾有法，卽序品所演境界。四大弟子皆阿羅漢；初遇此境，心尚淡漠；及見舍利弗授記，漸生歡喜；而猶未解所以；後聞三車喻，乃知阿羅漢應當轉入一乘，遂于佛前懺悔前愆。消極權敎，得果自足。積極實敎，勇猛直前。安于涅槃，不求菩提，聞法疲懈，消極之「止」也。遊戲神通，嚴淨佛土，成就衆生，積極之「行」也。三解脫境界，亦有權實之分。權敎之空無相，無作，皆遮遣邊事。實教之空解脫，顯靈活之體；無相解脫，顯不染之相；無作解脫，顯「法爾」之用。忽獲珍寶者，非從外來，了知自身原具也。所申之喻，詳如下文。

譬如長者子，背父而逃；流落異邦，生活窮困，經數十載，始思還國；父出門求子不獲，中止一城；豪富無比，商業徧及他方；窮子跋涉長途，路經其城，資斧斷絕，謀爲人傭；或指向富家，佇立戶外，望見主人高坐堂皇，莊嚴奪目，儼然王者；婆羅門，剎利，居士，乃至吏役，圍繞如雲；窮子不知其爲父也，怵于威德，不敢求傭，亟走貧里；時父于師子座上，遙見子來，識其面目，心大歡喜，遣使追還；窮子被捉，驚愕呼冤，哀求赦宥；使者不聽，曳至父前，窮子以爲觸犯王法，必將見殺，悶絕躄地。父憫子劣，不堪抬舉，令以冷水灑面，使之復甦；語使者言：不須此人，可遣去之。窮子蒙赦，歡喜而遁；卽往貧里謀食。

此喻語初段也。佛于衆生無所不攝，本應皆是佛子；今借長者子以概一切衆生受攝者自然世世皆生于佛前；不受攝者，則淪落無佛之所。失佛支持，大都依正（身及環境）平常；苦惱纏縛，不堪逼迫，轉尋善路，喻如思還本國也。衆生不在佛前者，佛每隨機緣，化身招之；所止之處，卽成化土；福德之大，十方景仰，如豪富無比，商業徧及也。依正莊嚴，祇王者略堪比擬。婆羅門，具云婆羅賀摩拏，乃承習梵天法者；義爲梵志，或淨行等；印度四大階

級中，此最尊貴。刹利，具云刹帝利，義爲王種，或地主；國王大臣皆屬之；四階級中之次尊貴者。居士，則具有學識或資財，在家志求佛法之人也。鈍根之初向善，外道與權敎始堪引誘；驟聞究竟淸淨之一乘妙法，莫不驚愕急走；強之修學，則或呼寃悶絕矣。善知識對此等劣機，不妨揮之使去；姑任浮沉外道，延其殘喘。

父更設方便，希誘子來；密遣寠人與之相處；介紹工作，專司除糞。窮子遂投身厠所爲糞夫。父于窗隙中竊窺其子，憔悴垢穢；格于地位，未便與言；乃喬裝糞夫首領，督率諸人勤作，其子漸得近父；父遞增其工值，且配給物資；復譬云：汝不欺不怠不怨，勝餘工友；我今視汝如子。窮子雖自慶幸，仍猥賤自居；二十年間惟事除糞；于中漸知首領實乃大富長者。

此喻語中段也。佛以下劣衆生不堪引入一乘大道，暫屛而不錄；然化度之志未嘗或輟，則權設不了義敎法以攝之。寠人，喻聲聞僧衆；除糞，喻對治煩惱；窮子投身爲糞夫，喻劣機出家學聲聞道。修習此等權法，身無威光；心不活潑；佛雖加憫，卻不能示以莊嚴法身；欲其親近，須現下劣應身而領導之。增工值，給物資，喻逐次獲得小乘諸果也。視之如子者，以尚未發菩提大心，非眞佛子；祇類「猶子」耳。劣機雖蒙奬勵，仍安于小乘；但知佛乃福德無量之人。

既而父疾，自知不久于世；示窮子種種寶藏。窮子悉其極富，但未敢存繼承意；然志趣漸高尚矣。父將終，邀集親族，國王，大臣，刹利，居士，來會；指窮子云：諸君當知，此我真子！向從出生地潛逃，數十年覓之不得；今乃于此相值；應受我之遺產。窮子聞言，歡喜無量；默念：我本無心希求，寶藏乃自然至！

此喻語後段也。一代敎法將終，佛不久當般涅槃。然必于如來無量功德（如十力四無畏等類）廣行宣說，俾弟子悉皆聞之。弟子雖感興趣；自視卑下，無荷擔心。最後佛乃集十方如來菩薩天龍八部等等表演法華；指調練劘熟之弟子爲真佛子；當機自然歡喜無量。

世尊長者譬如如來，窮子譬如我等。如來常說我等爲子；我等迷惑，不克繼承如來大法；如來權令除煩惱糞；我等樂此小道，勤行精進，得涅槃證；歡喜自足，不求如來智慧寶藏；誤認是等寶藏祇爲諸大菩薩說，非我等所應有；今乃知其不然！如來智慧，恆常灌輸大衆，所謂唯說一佛乘；我等不知接受，輒失大利；如來昔于菩薩前，每訾聲聞徒樂小法，正憫我等執迷不悟；茲開悟矣！法王殊寶自然而至；諸佛子所應得者，我等皆已得之。

迦葉等說喻語竟，重申本意：一向不知除煩惱糞爲劣機對治法門；證得相似涅槃，便自滿足；雖如來常以佛子相激勵，自顧無如來智慧，如何承當？故聞此等大敎，總不接受；今在法華會上始悟昔迷，而知眞是佛子；能荷擔寶藏，不讓其他大菩薩也。

論曰：鈍根衆生不悟心性妙用，「所知障」甚重；「煩惱障」滋多；以致苦海流轉，茫無津涯。或告之云：提起自心佛性，所知障頓破；當下脫離苦海，與如來等；則瞠目結舌，望然去之。聞「諸惡莫作，衆善奉行」之說，以爲力尚可及；勤而習焉。雖獲人天癡福，八苦每相纏繞；竭盡世間方法，不能衝出重圍。諸佛憫之，權現比丘身，勸令出家，先除煩惱之糞。詞理淺近，易于領略。學人專誠持戒遮情，未嘗不證小果；然身無威光，心非活潑；菩提之道，距離殊遠。如來慈悲調練，密密以神力加持；機緣成熟，佛性輝耀于心；夫然後知無量功德藏，本來具足；能發之者，應用無窮；回視當年惟事除糞，僅博得輕微代價者，無乃愚癡可笑耶！迦葉等一悟之後，所以有窮子之喻也。世之未達法華者，恆以出家除糞爲佛道正宗，最高無上；是安于窮子而不克自拔者也。

第六 一乘普度品

三車窮子之喻，皆接紆迴之機；本品乃接逕直之機，為法華正宗。世尊說此，所以廣迦葉等之不及；緣彼等祇從聲聞道得悟也。此中原含多喻，藉明一乘普度之旨；諸譯以藥草喻標名；略取一事為例耳。

爾時世尊告摩訶迦葉及諸大弟子言：善哉！善哉！是能從一門得悟如來眞實功德者。須知如來復有無量無邊阿僧祇功德，窮劫說不能盡；門門皆能引學人到一切智智地。衆生應由何門而入？則如來以一切智智觀諸法理趣，衆生心行，通達無礙；隨其機宜，方便引導之。

迦葉等從聲聞入手，遮盡凡情，得近心體藩籬；法華會上蒙佛強力加持，心竅忽開，與如來眞實功德相應；對于一乘，遂深生勝解而信樂之；有窮子得寶之歎。如來喜其開悟，故重言善哉以褒之。如來功德，無量無邊；荐入之門，亦無量無邊；一一詳說，自然窮劫不盡。一切法無不融歸般若波羅蜜，則成一切智；具攝此智無所欠缺，是名一切智智。舊譯略稱一切智，頗與聲聞一切智相混。得到一切智智之地，即是究竟圓覺；全證阿耨多羅三藐三菩提矣。如來具一切智智，故于諸法理趣，衆生心行，無所不達；達則各就機宜，指引一門令深入之；使當機將來于法華會上得悟佛之知見，終到一切智智地也。

復告迦葉：譬如大千世界所有卉木藥草種類無量；大小復岐；密雲遍布，一時等澍；一切植物，皆霑雨澤，各得滋長；雖一地所生，一雨所潤，而植物特性，彼此互殊；所呈相用，勢不一致；然而受潤則一。如來度生，亦復如是；三界衆生同聞法音，如各霑雨澤也。同蒙法益，如各得滋長也。而因根機利鈍不同，結果不無差別。雖有差別，受化則一。

植物蒙甘霖滋潤，而生機勃興；衆生蒙如來化度，而法身萌動；理致相若。植物同一滋潤力，而結果萬殊；衆生同一化度力，而證果互異；總因種性本來不同，正可彼此交喻。

迦葉，如來度生，法惟一味；所謂解脫相，究竟得至一切種智。衆生聞如來方便法，受持讀誦修行；雖不自知如何得度？而實際漸漸度脫，歸于大空。機緣成熟，乃爲說一切種智，俾臻究竟。汝等于如來難解難知之旨，已能信受；甚爲希有！

諸佛度生之法，祇是一味；是謂唯一佛乘。一乘要旨，直透心源；其能頓然解脫三界纏縛者，以佛性湧現于心，識執無從作梗也。始見佛性，尚屬渾略；盡量開發，一切種智乃得圓成。所謂解脫，約成佛之因。所謂究竟，約成佛之果。然如何方得契悟一乘？則須施設種種方便敎法爲入門預備。行者苟能如法受持讀誦，初雖不知佛境何似？及定力堅強，六塵不擾會得大空之時；佛性卽有顯現之機。若由善知識加以開示，則如脫穎而出；且知此性爲一切種智流露之一斑。把握此中要領而磨持之，自然疾達究竟之地。行者造詣未深，不能勉契此旨；故曰難解難知。其知之者庶稱眞實信受。如迦葉等此番之恍然大悟，固甚希有之事也。

首段言一切智智；此段言一切種智；乃同體異名。前約妙觀察智之滿足；後約大圓鏡智之洞開；皆成佛要道也。

迦葉，如來以智光普照五趣衆生，猶如日光遍照一切，無所揀擇。衆生隨慧力高下，分三乘接受。所以施設三乘者，譬如陶家製器，泥質是一，款式殊多；盛蜜，盛酪，盛糞，各因其用而變其相。復次，迷人未學三乘敎，不知解脫；如生而瞽者不識顏色；瞽者經良醫授藥而目開豁，于顏色乃有所見；然不能見之事，無量無邊；須神通具足，所見乃廣；然三乘人雖得神通，而于一切種智所行無量無邊妙境，仍非所知；須洞達一乘，所知乃盡。

此段經意，晉隋二譯俱有之；秦譯缺失。內含三喩：一日光喩，二陶器喩，三生瞽喩；是于上文雨澤喩（諸譯名藥草喩）之外，舉此三種以暢其義也。智光，卽一切種智之光。五趣或作六趣，乃開合之異。（阿修羅附入天趣則云五）智光如日，無所不照；接受與否，則視有無遮障耳。遮障未甚者，可設紆迴教法以引之。本段經文所謂五趣衆生，即指紆迴根機而言。所經之道，雖屬枝末曲垂方便不得不爾。陶器千差萬別，無非各就所宜而施設焉。三乘教法亦復如是。生而瞽者，對於五色疑爲非有；此如迷人不信佛法。信而安於小就，如來智光仍有遮障。能破此障，乃與一乘相應。

論曰：法華推爲釋教諸經之王，以衆生能「即肉身顯佛境」也。其要在肉身中指出一切種智之祕密而開敷之。開之熟，則成清淨蓮華。華葉無量無邊，各藏分位種性；一一親證無遺，即得一切種智。一切種性各詳爲身形，於互攝互熏之間，成爲清淨內境；其中條理，無窮無盡。一一與外境相配，莫不洞明其由；則名一切智智。任何衆生現身外迹，以一切智智觀之，皆與內境相通。循其條理，導歸性海，使發明自心之一切種智焉；斯契佛知佛見矣。衆生苟遇其緣，無不可度。品名一乘普度以此。普度之法，視根機所宜，方便施以相當三密。衆生初雖不解所謂，但能一心受持，潛令無明摧破；終獲一切種智之流露也。

第七　迦葉等授記品

迦葉等自述心得，信解三乘爲權；一乘爲實；可蒙授記矣。然或誤認一乘，必以三乘爲階梯；故佛特取雨澤日光爲喻，明一切根機皆可直受一乘教法；不過鈍者難契，利者易悟耳。補充此義已，然後爲迦葉等授記焉。

爾時世尊對衆宣言：摩訶迦葉於未來世奉覲三百萬億如來，讚佛弘法已；最後身成佛，名光明世尊，十號具足。國名光德。劫名大莊嚴。佛壽十二小劫；正法像法各住二十小劫。國界平正，種種嚴飾。菩薩無量千億；諸聲聞衆亦復無數；魔王魔民皆護佛法，無擾亂者。

開發一乘心，攝受一切衆生而化度之；卽普賢菩薩功能。釋尊將示涅槃，付囑摩訶迦葉住持教法，爲人天導師；以其具有普賢特性也。此心融入毗盧遮那（義爲光明遍照）性海，光明無量；更於三百萬億佛所承事讚歎，而弘揚其道；則經驗圓備，克證如來金剛堅固身。應現世間，名曰光明世尊。國名光德；心光外表故。劫名壽量等，乃隨時機而得。正法者，佛滅後有善知識繼承大法，能以神力加持學人，俾獲真實境界。像法者，加持力不易遇，學人秖從經教領會相似境界而已。依報平正嚴飾，自是諸佛淨土通例。菩薩聲聞無量無

數者，應身佛出現，必由衆多三乘根機感召而求一乘之道，魔佛一如。普賢性加持之下，諸魔皆發慈心，作佛門護法；無復以邪行相擾矣。對衆宣言者，咸使聞知也。

目揵連須菩提迦旃延聞已，皆悉悚慓；合掌唱偈，並求授記。世尊告諸比丘：是須菩提於當來世奉覲三百萬億那由他如來，讚佛淨修；菩薩行足，最後身成佛；名名相世尊，十號具足。國名寶生。劫名有寶。佛壽十二小劫；正法像法各住二十小劫。國界平正，清淨莊嚴。聲聞弟子諸菩薩衆，數皆無量。彼佛常處虛空為衆說法。

聞迦葉授記不禁悚慓者，慮己落後也。世尊公開授記，而特注重比丘衆者，鼓舞此輩力求一乘耳。須菩提義為空生，亦曰善現；卽於虛空無相中善能顯現種種寶光之意。此屬虛空藏菩薩功能。入此三昧，而欲一切性相融通精熟，須再從外迹奉覲三百萬億那由他（義為一億）如來；且讚且修，功行圓滿，方成如來福德莊嚴身。其應現於化土者，名名相世尊；乃空中循名生相之義。國名寶生，正表虛空藏本德矣。劫名乃至三乘人數，釋同首段。末云：彼佛常處虛空為衆說法，無非空生之旨。

復告諸比丘：是摩訶迦旃延於當來世供養奉事八千億如來；次復供奉二萬億如來；於諸佛滅後各起塔廟供奉舍利；菩薩行足，當得作佛；名閻浮那提金光世尊，十號具足。國土平正。種種嚴淨。無四惡道，惟有人天；及聲聞衆，諸菩薩，無量億數；莊嚴其間，佛壽十二小劫；正法像法各住二十小劫。

迦旃延素稱議論第一；於法法相互間之無量條理，能觀察入妙也。此本觀自在菩薩功能。其供奉諸佛不必如須菩提以那由他計者，無相之句語，練習較易精熟；非若有相之形色，開顯未易圓滿也。及菩薩行足，便證如來受用智慧身。時機成熟，則於世間現應化身，厥名閻浮那提金光世尊。閻浮，樹名。那提者，河也。閻浮樹下有河，水中出金，其色赤黃，帶紫焰氣。迦旃延將來之應身，現此類金色之光，故名閻浮那提金光世尊。國名劫名均缺，當是傳經遺漏。無四惡道者，無地獄畜生餓鬼及阿修羅也。阿修羅有勝有劣勝者類天道劣者類三惡道衆生惟有人天，修行者聲聞菩薩，數皆無量。

復作宣言是摩訶目犍連以種種供具奉事八千如來；次復供奉二百萬億如來；於諸佛滅後各起塔廟供奉舍利；最後身成佛，名多摩羅跋旃檀香世尊，十號具足。國名意樂。劫名喜滿。國土平正，種種嚴淨。天人菩薩聲聞，數皆無量。佛壽二十四小劫；正法像法各住四十小劫。

目犍連素稱神通第一，是能操縱六塵變化自在者；即具虛空庫菩薩功能也。從此更於二百萬億八千如來所莊嚴萬德；一時能現如來百千萬億化身。當喜滿劫，於意樂世界示迹成佛，名多摩羅跋旃檀香世尊。旃檀，香木也。多摩羅跋，義含無垢性，佛之變化感應，每顯此類香氣；是法界活動之象徵也。國名意樂，寓隨心變化之義。

論曰：毗盧遮那如來由自性展爲受用身，恆有四種特殊心數，開作常隨菩薩：一普賢，二虛空藏，三觀自在，四虛空庫；卽大慈大悲大喜大捨分位表示也。爲應化鈍根衆生，如來示同比丘相，四菩薩從而變作聲聞弟子；如本品迦葉須菩提迦旃延目犍連是也。旣屬如來心數，與毗盧遮那原是一體，而外迹仍須授記者，則以化土之中，如來心數爲根，與心數相應之行者爲境，根境和合，而迦葉等諸弟子出現焉。無釋尊之四無量心，迦葉等四菩薩固無從現身。無迦葉等其人，則所謂四菩薩，祇屬釋尊內證境界，非化土衆生所得而見也。申言之：迦葉等所依之根，固與世尊不異，迦葉等身各自有其據點，則與世尊不一。於不一之中得入一乘大道，仍須事理交修，故皆當供奉若干如來，方克成佛。至實現應身之期，又須俟所化衆生機緣成熟而後能。授記之佛名國土，約成熟處所言之耳。此中義理極其精微，非向密宗眞參實究，莫由洞達也。

第八　大通如來品

前舉諸喻，普通根機皆可領會其旨矣。較鈍者仍有疑惑，復須充量曉諭之；繼此遂有化城之喻。然未譬喻之前，先說釋尊及諸弟子學佛因緣之古史；而推源於大通智勝如來。經文共作一品，今開兩品論之。本品專談大通史跡也。

佛告諸比丘：過去無量無邊不可思議阿僧祇劫，有佛出世，名大通智勝如來，十號具足。國名好城。劫名大相。彼佛滅度，距今極遠。譬如三千大千世界所有地質，有人磨以爲墨；向東方行每逾一千國土乃灑墨一點，細如微塵；如是灑盡其墨，被點之國已多至算數不能及；所逾國土，不論有點無點，盡碎爲塵，一塵代表一劫；彼佛滅度以來，復過此數無量無邊百千萬億阿僧祇劫；我以如來智慧，觀彼久遠，猶若今日。

所告諸比丘，以仍懷疑惑者爲主。大通智勝者，一切智智圓滿具足之謂。此佛當大相劫時代，示迹成道。從劫名國名觀之，依報偉大美好可知。磨墨碎塵等喻，祇是形容極端久遠而已。如許久遠之事，觀之猶在目前，佛智不落時間故。

復次，諸比丘，大通如來壽五百四十萬億那由他劫。未成佛前，坐於道場；破魔軍已，垂得阿耨多羅三藐三菩提；惟歷十小劫趺坐不動，佛果猶未現前；時諸梵天雨衆天華覆地百由旬，香風時來吹去萎華，更雨新者；如是不絕，滿十小劫已，大通如來乃證佛果。

大相劫中，時間空間莫不偉大，一切事大都經歷長時；故佛壽長至五百四十萬億那由他劫。已破魔軍，卽十地已滿；十地以前，微細之惑仍足引起魔障也。垂得阿耨多羅三藐三菩提，是在金剛心中行矣。由金剛初心至金剛後心，內證境界逐位開顯；所成功德無量無邊。自梵天觀之，祇見其肉身趺坐不動，凡歷十小劫之久；天華供養，新陳代謝，不知經過若干次也。十小劫後，內證圓滿；機緣成熟，形諸外迹；大衆始見其證果焉。

大通如來未出家時，有十六子，智積居首；聞父成佛，皆捨珍寶，往詣佛所；諸母涕泣以從。其祖轉輪聖王，率大臣人民，隨至道場，供養讚歎。爾時十六子以偈讚已，勸請如來廣轉法輪。

一佛證果，內部所有心數，皆成大菩薩；形諸外迹，則有與心數相應之同類菩薩，每就衆生之機緣，示作佛之世間眷屬；如智積等十六子卽其例也。名曰智積，顯因地積集佛智，將來得與大通智勝相等也。此十六菩薩，內心早與如來相通，其捨珍寶往詣佛所，必到此時節，衆生方合感見耳。諸母涕泣以從，示凡情之大都也。聖王雖知隨喜讚歎而供養之，但勸請廣轉法輪者，則屬十六菩薩。

大通如來示迹證果時，十方各五百萬億佛土六種震動；諸國中間幽冥之處，日月威光所不能照，忽皆大明；其中衆生各得相見，咸作是言：此間云何忽有他衆生？爾時諸佛土所有天宮，普皆震動；大光遍照，梵天宮殿光為輝耀。諸梵天王各作是念：以何因緣現此瑞相？遂各以衣裓盛諸天華，推動宮殿，追尋光源；見大通如來坐於道場菩提樹下師子座上；天龍八部恭敬圍繞，十六子請轉法輪；梵王遂皆頭面禮佛，繞百千匝；隨以天華散於佛上。並以宮殿奉獻，請轉法輪；

佛示應化身，威力所及，世間諸佛土與有聯繫者，恆互起感應；形成六種震動。威光之行，向未蒙日月所照之處，亦忽洞明；幽冥衆生乍見他身，自然驚訝。十方各五百萬億佛土所屬天宮皆震動者，六種震動所攝也。梵天光明本來優勝，今得佛光作增上緣，宜其輝耀異常矣。諸梵王知瑞相所從起之處，必有聖人應世；故亟備天華而追尋之。色界宮殿本懸虛空之中，隨時可以推動；為尋光源，即各御宮殿飛行；終發見大通如來示身于好城菩提樹下師子座上；圍繞四周之天龍八部，則固經過十小劫護持供養之輩也。諸梵王各自頂禮，繞佛散花已，即以行宮供佛；且繼十六子以轉法輪為請。佛受其供，所有五千萬億佛土（十方共數）諸梵宮，自然融合爲一；不待言矣。

大通如來受諸梵王及十六子之請，卽時三轉法輪；廣說四諦十二因緣；是爲初次說法。時六百萬億那由他人以不受一切法故，卽盡諸漏；皆得深妙禪定，三明，六通，具八解脫。第二第三第四次說法時，千萬億恒河沙那由他衆生得果亦復如是。從是以後諸聲聞衆無量無邊，不可稱數。

十六子請轉者，一乘法輪。諸梵王請轉者，二乘法輪。然梵王之數甚衆；預會根機亦多；適宜聲聞緣覺之道。大通如來自然先演權乘，廣說四諦十二因緣。初次說法，得證極果者多至六百萬億那由他人。不受一切法者，情識盡斷，無所取也。超越世間禪定之上，故曰深妙。三明者，天眼明，宿命明，漏盡明也。六通者，天眼通，天耳通，宿命通，他心通，神境通，漏盡通也。八解脫，名目見第二品。二次至四次說法得果者尤多。三次人數合計千萬億恒河沙那由他衆生。以後展轉傳授，聲聞衆遂無量無邊。

爾時十六子皆以童身出家而爲沙彌；諸根通利，智慧明了；不樂權教，志求佛乘；于是共白佛言：是諸無量大德聲聞皆已成就，世尊今當爲我等說阿耨多羅三藐三菩提法，俾慰大願。如來受請，爲說大乘；然過二萬劫已，乃於四衆之中說是妙法蓮華經，以暢本懷；經八千劫而後說畢。十六菩薩沙彌皆能如法受持；聲聞衆中亦有信解者；其餘千萬億種衆生皆生疑惑。

沙彌，新譯室末那伊洛迦，義爲息惡行慈；爲男子出家受十戒者之通稱；即未受比丘大戒之人也。大通如來初轉法輪，十六子隨緣加入出家之列。諸根通利智慧明了者，對於所知障已有相當破除者也。以屬上根利智，雖出家受十戒，卻不願作比丘以修權教；所志乃在唯一佛乘。既見如來廣度無數聲聞，乃復請轉一乘法輪，爲說無上正等正覺之道。然如來於未說一乘之先，且說大乘通義以植其基；亦俯就其餘四衆而然。二萬劫後，基本已立；乃於四衆中開演妙法蓮華一乘大敎。須八千劫而後畢者，欲一切種智如量開顯，不能不分門詳說耳。十六子雖祇受十戒，所行純是菩薩行；故稱菩薩沙彌。如法受持者，依一乘真實方法而行持；實即三密加持之無上秘法也。聲聞中亦有信解者，未必皆能實行至疑惑之輩，不知幾千萬億種；信且不能，更談不到行持矣。

大通如來說妙法蓮華經已，即入靜室，寂然禪定。十六菩薩沙彌知佛定中默運神力，各昇法座，爲四衆廣說是經；歷八萬四千劫，各度六百萬億那由他恆河沙等衆生；示敎利喜，令各發一乘道心。

外迹宣說已竟，復斂歸內心而受用之；雖寂然禪定，運化未嘗或息。十六子密接法流，轉爲四衆廣說；即將法華宗旨反覆演講，令疑惑之輩漸能信解也。四衆即攝比丘，比丘尼，在內。十六子以沙彌身而爲說法，是知一乘法師祇重眞實功行，不受三乘規矩拘束也。八萬四千劫宣說，非爲一輩聽衆而然；其中容有許多新陳代謝者。十六子坐下各有六百萬億那由他恆河沙等衆生，各經示教利喜，皆發一乘道心。未發心者，其數尚不知幾何？亦許各種一途因耳。示教利喜，約常義，如智度論卷五十四等所說，約特義，則示者，示以法華眞旨也；教者，教以一乘正道也；利者，利以頓修秘法也；喜者，喜以所感瑞相也。

爾時大通如來從三昧起，往詣法座，普告大衆言：是十六菩薩沙彌甚爲希有，諸根通利，智慧明了，已曾供養無量千萬億諸佛；於諸佛前常修梵行，受持佛智，開示衆生，汝等皆當數數親近供養。若諸聲聞緣覺菩薩，能信是十六菩薩所說經法，受持不毀者，皆當得阿耨多羅三藐三菩提。

大通如來以法身加持十六菩薩代說法華經，歷八萬四千劫後，利益甚溥；乃從定起，復由應化身讚歎之；俾大衆各以歡喜心如說受持，不復再起疑謗，名曰當得阿耨多羅三藐三菩提，隱寓授記矣。此十六菩薩能與如來心數相應，非尋常上根可比；必曾於無量千萬億佛所積集功德，乃能具如是佛智，轉爲衆生宣說一乘大經也。大通如來四次廣轉法輪，唯度聲聞緣覺；後應十六子之請，說大乘經，歷二萬劫，所度菩薩亦當不少。而於繼說法華之後，復勗令大衆聽信十六子之教者，以若輩前此雖親聞佛說法華，尚在疑惑之數耳。

釋尊告諸比丘言：是十六菩薩常樂說此妙法蓮華經，各化六百萬億那由他恆河沙等衆生；是諸衆生世世皆從本師菩薩聞法，悉能信解；以此因緣，得值四萬億佛，於今不盡。

上文乃釋尊追述大通如來故事。追述已竟，釋尊復有所表示；即此段及末段略文也。此十六大菩薩各化六百萬億那由他恆河沙衆生，皆發無上道心；復生生世世皆追隨本師菩薩聞法，信解漸深；迄今已各值四萬億佛，親近供養矣。

復次，諸比丘，彼十六菩薩沙彌早已成佛，分布八方國土。東方二佛：一名阿閦，二名須彌頂。東南方二佛：一名師子音，二名師子相。南方二佛：一名虛空住，二名常滅。西南方二佛：一名帝相，二名梵相。西方二佛：一名阿彌陀，二名度一切世間苦惱。西北方二佛：一名多摩羅跋旃檀香神通，二名須彌相。北方二佛：一名雲自在，二名雲自在王。東北方二佛：一名壞一切世間怖畏，二即我釋迦牟尼。阿閦佛國土名歡喜世界；乃至我國土名娑婆世界。

釋尊至此乃述己之來歷；卽當時十六菩薩沙彌之一也。久遠已來，經驗具足；十六人早已成佛，現在分居八方四正四隅各二佛。東方以普賢三昧爲主。入此三昧，堅如金剛。阿閦者，不動之義；一切魔類不能搖動也。須彌頂者，喻金剛身之尊勝也。南方以虛空藏三昧爲主。入此三昧，色卽是空。虛空住者，雖現莊嚴相，實住于虛空也。常滅者，雖有其相，實卽不生也。西方以觀自在三昧爲主。入此三昧，以真常馭無常。阿彌陀（無量壽義）者，約顯露真常言之也。度一切世間苦惱者，約控制無常言之也。北方以虛空庫三昧爲主。入此三昧，能變化無障礙。雲自在者，如雲之變化無礙也。雲自在王者，極變化之能事也。東南方和合普賢虛空藏二德爲主。以金剛身而流現名相。其威猛之象，形諸言音，則曰師子音；形諸色相，則曰師子相。西南方和合虛空藏觀自在二德爲主。以福德身而流現尊形。其嚴淨之象，欲界所見，則喻帝相；（帝釋偉相）色界所見，則喻梵相。（梵王偉相）西北方和合觀自在虛空庫二德爲主。以智慧身而運用自如。其應現之事，神通方面，則如多摩羅跋旃檀香；（無垢性香）莊嚴方面，則如須彌相。東北方和合虛空庫普賢二德爲主。以變化身而度脫衆生。其利益之事，約破障，則名壞一切世間怖畏；約行慈，則名釋迦牟尼。十六佛各有國名；今惟說歡喜娑婆二名，舉首尾以概其餘也。

論曰：如來一切智智具含無邊差別智，而以五大智爲綱。所謂法界體性智，大圓鏡智，平等性智，妙觀察智，成所作智是也。後四智分依普賢，虛空藏，觀自在，虛空庫，四種三昧而生。前一智則四智四三昧之總體。其餘差別智，皆由此五智展轉演出；爲自受用身之內眷屬。而流現他受用身，即以諸智分攝相當根機。地上諸菩薩，皆適合感應而來生其國者也。大通如來未證金剛後心以前，其差別智力已足攝受十六菩薩爲世間眷屬；及其證果，則十六菩薩皆其等流法身，恆常代說法華妙旨矣。釋尊之在因地，實藉此爲轉一乘法輪之練習，歷久遠經驗，終與餘十五菩薩各成佛道。未成道前，亦漸以差別智攝受當機。今日法華會上，諸聽衆固多刧追隨不捨之弟子。鈍根聞此，當被極大鼓舞，無所用其疑惑。此本品之所由立也。惟此中義理妙趣無邊；學者勿徒以事迹觀之可也。

第九 化城喻品

已明釋尊來歷，則其所說之法，自然以妙法蓮華經爲宗；極力宣揚一乘大教，鈍根無此勝願以接受之；累世廣說三乘，無非俯就此輩機宜；故有化城之喻。

佛告諸比丘：我等爲沙彌時，各各教化無量百千萬億恆河沙等衆生；志在發其阿耨多羅三藐三菩提心。然諸衆生至今仍多住聲聞地者，乃我權設小法爲基，希其漸入佛乘；以如來智慧，鈍根難信難解，不能躐等施教也。汝等比丘及未來世中若干聲聞，皆世世生生從我受教之弟子；因不悟一乘妙旨，遂淹滯若是。

釋尊自從因地獲得法華妙旨以來，世世恆以一乘大教普度衆生；利根聞而頓悟者，其數當然不少；而歷劫追隨之弟子，至今猶多淹滯三乘教中，且有延及未來世仍墮聲聞道者；皆因鈍根不能信解佛慧，須歷劫消磨識執，以植其基；小法之設，無非「爲實施權」之旨。若不設此方便，一味令行一乘；彼輩勢必望而卻步，縱勉強行之，亦往往誤會正旨，而流入邪道。故寧任若輩淹滯迂途，不可躐等施教。

復次，諸比丘，若如來自知涅槃時到；衆又清淨，信解堅固，了達空法，深入禪定；必集諸菩薩聲聞爲說是妙法蓮華經。所以者何？佛唯以一乘度脫衆生，更無餘乘故。若我涅槃後，衆弟子不得此經旨趣者，我於餘國作佛，雖更易名號，亦恆隨其機緣，攝令彼等來聽是經。

應身佛將般涅槃，每集三乘弟子爲說妙法蓮華經者，佛知眞正解脫之道，唯一佛乘故。然弟子堪聞是法者，除上根利器外，必須梵行清淨，于出世法信解堅固，且了達塵相盡空，復能深入禪定之人，方稱當機；其安于相似涅槃，未得謂得，未證謂證之輩，雖有聽經機會，殊不願聞；而無機會與聞者，更不可勝數。然如來應身，雖于此處入滅，卻于他處出現；不論易何名號，對于遺漏之機，恆攝受不捨；遇有相當機緣，輒令來聽是經。

比丘當知，如來深悉衆生心念；於著五欲樂小法之徒，不宜遽聞無上道；方便爲說相似涅槃，引其入勝；若輩聞之，輒便信受。譬如有人欲到寶所，導師知其怯弱無遠志，不宜宣說曠絕之路；姑示之曰：此去三百由旬，卽有寶城。其人欣然前往。

在迷衆生怵于八苦交煎，而思離苦得樂之道；其所謂樂，乃從執著五欲得來；不過欲求其樂永不變壞而已。佛若示以法界中三世如一之樂，其理甚深，決非小根所能領會；且或疑謗叢生。惟有「相似涅槃」之小法，尚堪應用。蓋標此假境，以擺脫煩惱；但肯出家受戒而嚴持之，八苦自然漸除，終得一休息之處。小根聞此，自顧力所能及；故能信受奉行；俗所謂下里巴人之曲，和者甚多；總因粗淺之法，攝機乃廣耳。所喻寶城，不過權宜假說。故作三百由旬（每由旬四十里）者彼輩以爲路途非甚長遠，尚可實行，適此則無前往勇氣矣。

復次，求寶之人竭力奔馳三百由旬，果得一城作休息處。疲勞既復，導師乃言：此城實無珍寶，尚須遠去。有更奮勇隨行者；有耽安逸不進者。諸比丘，如來亦復如是；爲汝等作出世大導師，知汝等怯弱，權施方便；引至中途暫歇，謂到樂土；實乃假設化城；從此復須發菩提心，進求真實佛境。

釋尊雖爲迦葉等諸阿羅漢授記；然聲聞衆尚多耽着化城，不願再進者，亦因爲「所知障」拘限，權實不分之故。釋尊暢說久遠歷史，以明諸比丘夙因；雖多生多劫寖受法華宗旨熏習，障礙猶厚，未克表裏洞徹，屢聞他人授記，自己猶墮疑情。今得化城之喻，宜有一部分根機，知見較爲開明，能發菩提心奮勇前進者。

論曰：如來法身永遠常住，衆生無時不與法流相接；地上菩薩能長依莊嚴座下，未嘗或失者，妙平二智已顯，得預受用土之列也。凡外權小，都無所覩，往往經歷多劫始一見應身；識蘊爲礙耳。應身之興，非一人機感之力所能爲；衆業共舉，其緣方熟。候于此土不能遇，至誠所格，亦得被攝入他土而朝覲焉。蓋如來慈悲之行，但有一線機緣，無不加以化度也。真正化度捨唯一佛乘別無宗旨。聲聞緣覺之道，固屬化城；三乘菩薩僅從六塵對治，而未談直顯佛性之方；雖證無生法忍，亦化城之一而已。能以化城爲稍息之所，疲勞已復，鼓勇直前其竟也，亦達真實佛地；與上根利器之頓證者無二無別。然有一類根機，或執化城爲終極而詆毀前進者。此輩增上慢人，佛唯任其退席；姑俟他日有緣再攝化之；非棄而不顧也。

第十　富樓那等授記品

第六品說明一乘普度之旨；中根以上，皆能歡喜踴躍，隱納淨種，為將來成佛之正因；下根不感興奮者，夙生惟知權教，積習難除也。釋尊憫此輩不求上進，特說久遠以來，諸聲聞恆隨大通十六子聞法，今尚滯於化城以激發之；殷重心起，並得授記矣。富樓那示迹當機，憍陳如等千二百阿羅漢，一一皆與授記之列。

爾時富樓那彌多羅尼子知佛以方便智權說三乘教；會得一乘諸大弟子，皆蒙授記；鈍根為權說所誘，不克自拔；今備聞夙世因緣，始被感動；心念世尊大自在神通之力，得未曾有。不禁踴躍，起座禮佛。

富樓那，名也；義為滿。彌多羅尼，乃其母之姓；義為慈。加之以子，即慈氏之子也。迦毗羅衛國人。父為淨飯王國師；國務繁劇。因悉達太子（釋尊未出家時名號）有轉輪聖王之相；富樓那恐繼為國師，政務益繁；遂私約同志二十九人出家，避居雪山，修外道。三十人皆得四禪五通。其出家之夜，與太子同時。後富樓那以天眼觀見太子已成佛道，遂偕諸友詣鹿苑求度；三十人皆成阿羅漢。富樓那為佛十大弟子中說法第一之人；為適應時機，故所說向以三乘教爲宗；今聞大通父子因緣，始悟夙生留滯化城之失；而踴躍禮佛。然富樓那實非鈍根之比，不過示迹爲大衆表率而已。

世尊知富樓那深心本願，告諸比丘言：汝等見是人乎？我嘗稱其說法第一，富有功德，勤護正法；能於四衆示教利喜，具足解說，饒益淨侶；自捨如來無有能窮其辯者；過去九十億佛以來，恆作是菩薩，非自今始；彼於諸佛之所，亦以說法第一見稱；以對空理明了通達，得四無礙智，審諦而說，絕無疑惑；菩薩神通早已具足；隨其壽命，示修梵行；人皆以爲實是聲聞；而富樓那則藉此方便，利益無量百千衆生；因之興起菩提心種者，無量阿僧祇衆。

此佛親說富樓那爲示迹大士，非尋常聲聞人。惟其早得四無礙智，故除佛以外，辯才高於一切，無有能難之者。其應世說法，九十億佛以來，未嘗間斷。示聲聞身者，如來方演三乘教，不得不俯同衆機，藉「同事」方便以施教法耳。於潛移默化之中，被密發菩提心種者，乃有無量阿僧祇衆「同事」之利益如是。若逕以一乘菩薩應世，鈍根不敢親近；或誣毀之；收效轉少。

復次，諸比丘，富樓那常作此等佛事教化衆生，爲淨佛土故；非惟過去現在如是，未來諸佛之所亦復如是。卻後無量阿僧祇劫，當於此土成佛；名法明世尊，十號具足。國名清淨。

劫名寶明。其土廣賅恆河沙等三千大千世界；七寶爲地，平正莊嚴；人天交接，兩得相見；無諸惡道；亦無女人，衆生化生，非由婬欲；身皆金色，三十二相，普出光明，飛行自在；志念堅固，精進智慧；惟資二食，法喜禪悅；大菩薩及聲聞衆皆無量數；其佛壽命無量阿僧祇劫；法住甚久。

菩薩莊嚴佛土，首重教化衆生；故曰爲淨佛土故。過去如是；現在如是；未來亦復如是。經過無量阿僧祇劫，事理雙圓，則成正覺。佛名法明，表富樓那洞明法理，說教無礙；實卽轉法輪菩薩之外迹也。國名淸淨，乃極樂世界之異名。當寶明劫而成佛，則以莊嚴時期爲緣也。廣賅恆河沙等三千大千世界，約受用土言之；人天交接，兩得相見，約應化土言之。無諸惡道，亦無女人；乃至惟資二食，法喜禪悅；是無男女飲食之事，與色界同類矣。聞法歡喜，資益慧命，曰法喜食。禪定自悅，資益壽命，曰禪悅食。（常途有四種食一段食二觸食三思食四識食）其佛壽命無量阿僧祇劫，等同極樂世界化土上之阿彌陀佛矣。法住甚久者，正法像法歷時皆甚久遠。

爾時千二百阿羅漢咸作是念：我等歡喜，得未曾有；若皆蒙授記，不亦快哉！佛知其心，告摩訶迦葉：言是千二百人，今當與授阿耨多羅三藐三菩提記。憍陳如比丘當供養六萬

二千億如來，爾乃成佛；名普明世尊，十號具足。佛壽六萬劫，正法像法各十二萬劫。其餘優樓頻螺迦葉等展轉遞相授受，承襲普明世尊之號；國土壽數皆同。

千二百阿羅漢，即經初所列諸大弟子；（已授記之舍利弗等六人原在千二百人之內今稱未授記者仍曰千二百舉大略言之）皆菩薩示迹聲聞者。以富樓那已蒙授記，亦感動于中；思預其列。佛特告摩訶迦葉者，一[illegible]教以普賢心爲本。迦葉即普賢大士之垂迹也。千二百人已與阿耨多羅三藐三菩提相應，是與普賢心相通，應爲授記矣。憍陳如，姓也；應譯憍陳那。（義爲火箭）其名阿若多，（義爲了本際）故具云阿若憍陳如。悉達菩薩（太子出家尚未成佛之稱）方修苦行時，淨飯王嘗遣大臣憍陳如等五人追隨闕照；六年垂滿，菩薩起座求食；五人以爲退轉，捨之而去；在波羅捺國鹿苑自修。菩薩已成佛，念彼等追隨之功，特往鹿苑先度之。是五人爲釋尊弟子中最先證阿羅漢果之人；而以憍陳如爲首領。其後成道名普明世尊，即一切法無所不明，堪轉大法輪者；及般涅槃，即授記優樓頻螺迦葉次補佛位，亦名普明世尊。

由優樓頻螺展轉傳受，同一佛名；及最後第千二百名成佛，仍名普明。此千二百阿羅漢，實皆轉法輪菩薩分位也。優樓頻螺（義爲木瓜）名也；姓迦葉。初習外道，領衆五百人；仲弟名迦耶，（義爲象）領衆三百人；季弟名那提，（河水之名）領衆二百人。優樓頻螺年高望重，摩竭陀國人尊之爲阿羅漢。于時佛已化度九十二人證解脫果，化法猶未大行。思維：摩竭陀國以優樓頻螺最有權威，若攝入正道，後效必有可觀。遂獨步其村，現五百種神通以服其心。三兄弟以次率衆皈依，皆成阿羅漢。

時憍陳如等千二百阿羅漢，于佛前蒙授記已；歡喜踴躍，起座禮佛；各念：前此執迷不悟，將權作實，自以爲究竟；今得如來智慧，始知身是菩薩。遂設醉人喻云：世尊譬如有人醉臥親友之家，衣裏被繫寶珠而不自知；後遊他國，生活困難；薄得工值，便以爲足；親友後復遇之，癡其安于貧乏，置寶珠于無用；令于衣裏出珠，得享大利；佛亦如是，夙爲我等密發智藏，我等初不自覺；惟勤苦修證阿羅漢果，安于小就；今知身懷智珠，等同于佛；樂也如何！

憍陳如等已蒙釋尊授記，將來皆成普明如來；於是即設醉人之喻，以醒羣迷。此等示迹菩薩，原非執迷不悟將權作實之流；不過借已例人，冀大衆轉迷啓悟捨權趨實耳。醉臥親友之家者，喻得近佛身，而卻愚癡如醉也。衣裏被繫寶珠而不自知者，喻佛以一切種智加持自身，而冥然罔覺也。後遊他國生活困難者，喻展轉求道，難得解脫也。薄得工值便以爲足者，喻接受權教，認爲究竟之道也。親友後復遇之，癡其安于貧乏，置寶珠于無用者，喻後遇如來大演一乘，直呵若輩呆守三乘不了之義；前此雖曾密植佛種，不知其爲無上秘寶也。令于衣裏出珠得享大利者，喻以自身已植佛種，能行三密加持之法；卽獲如來最勝利益也。佛亦如是以下，正標喻意。末云樂也如何，則表歡喜踴躍之故矣。

論曰：本經妙喻多端；三車，窮子，雨澤，日光，化城，醉人。其犖犖者。窮子醉人，皆垂迹大士代替當機自喻心得。窮子甘于賤作，喻鈍根不敢希冀佛乘。醉人安于貧乏，喻迷者不知修習佛乘。醉人喻，以衣裏寶珠作譬、尤爲深切著名。古今來已入灌頂密壇，獲得佛種；不知其爲無價寶珠，放棄不習；而仍浮沉於權教之中，致多生多劫不得眞實果位者，何可勝道！此類根機，縱熟讀法華諸喻，終見其爲醉人而已。幸有轉法輪之大士，隨機示迹以開發之；無價寶珠，乃得從行者自身速疾湧現也。

第十一　阿難等授記品

普通聲聞人之緣熟者，皆蒙授記矣。而多聞之阿難，密行之羅睺羅，雖亦示迹聲聞；地位則較異。或有學，（未證極果）或無學，（已證極果）此類根機約二千人。今以緣熟之故，一一亦蒙授記。

爾時阿難羅睺羅皆希授記，起座白佛言：阿難忝爲侍者，羅睺羅忝作佛子，一切世間天人阿修羅莫不知識；倘無授記，何饜衆望？世尊慈悲，當滿我等之願。時聲聞弟子同此機類者二千人；或有學，或無學，各發是願；皆到佛前，合掌待命。

阿難具云阿難陀，義爲慶喜；斛飯王之子，佛之堂弟。佛成道之夜誕生。時祥光充滿其國，故以阿難名之。二十五歲出家；侍佛二十五年；多聞第一。佛說法華時，阿難仍示迹須陀洹；（初果）以身爲侍者，不合取證極果。

羅睺羅義爲覆障；或云在胎覆障六年乃生，故名；佛之親子。佛成道之夜與阿難同時誕生；十五歲出家密行第一。二人皆隨釋尊成道而現身，其各爲釋尊差別智之流現可知矣。同此機類二千人，則又二差別智之眷屬也。內秘法身大士，外迹仍待授記，顯教儀式應如是爾。

佛告阿難：汝於來世當供養六十二億如來，護持法藏，然後作佛；名山海慧自在通王世尊，十號具足。國名常立勝幡，清淨莊嚴。劫名妙音偏滿。其佛壽命，無量千萬億阿僧祇劫；教化二十千萬億恆河沙諸菩薩，令成阿耨多羅三藐三菩提。正法住世，倍於佛壽；像法世，復倍正法。阿難聞已，心大歡喜，得未曾有；即時憶念過去無量千萬億佛法藏，通達無礙；如今所聞；亦識本願。

阿難原出如來入秘印中之法住印。（參觀大日經）示迹世間，作菩薩形，則如文殊師利；作聲聞形，則如阿難；皆以護持法藏爲本德。行人適合此類根性，從外迹習聲聞道者，即成阿難同類之機。當日現身爲釋尊侍者之阿難，是此中行人之一；與如來法住印相應者也。六十二者，六十二見之總目也。每「見」之附屬心數皆以億計，故稱六十二億。一一見分能融歸見大，則各成如來一德。阿難因地，歷劫親近供養六十二億如來者，分師諸如來之特長，遞消六十二億之俗見也。消磨淨盡，自然圓滿成佛。名山海慧自在通王如來者，具足諸如來之法藏，智慧廣大如山海；依此智慧而說法，一切自在通達無礙也。勝旛，代表功德總滙。國名常立勝旛，一切功德恆常具攝于國內也。劫名妙音偏滿，則說法之音普徧十方矣。阿難過去雖曾供養無量千萬億佛，得聞諸佛種種法藏；隔陰所迷，容未及憶。今蒙釋尊授記，菩提大心頓發，表裏洞徹，過去聞持諸法，齊現于心；與今所聞？融合無礙。本願者，與如來秘印相應之弘願也。釋尊說法二十五年，阿難始出家，與聞之經，祇得其半；佛滅後堪任經藏結集之主者，正仗憶念過去無量法藏之力耳。

爾時會中新發意菩薩八千人，咸作是念：我等尚不聞諸大菩薩受如是記莂，而諸漏未盡之聲聞人乃能得之；此屬何等因緣耶？佛知衆念，告諸菩薩言：我與阿難等於空王佛所，同時發無上菩提心。阿難常樂多聞；我則勤行精進。我證佛果，阿難則護持我法；亦護持未來諸佛所有法藏；教化成就諸菩薩衆。本願如是，故得斯記。

三乘教中，初機菩薩見聞淺；諸大菩薩之受莊嚴記莂，（即詳細授記）因無緣與知；今於法華會上得見諸阿羅漢授記，（舍利弗等）雖感希有，尚以爲漏盡之人應得是果；阿難示迹須陀洹，乃更蒙廣大授記；自然不免疑念。釋尊俯就其機，略從外迹解說；函理卻甚深奧。於空王佛所同時發無上菩提心者，依法界本體發起圓覺之性，一聚「心王」「心所」同時並作也。「聞」「修」二心所，並駕齊驅；因修得證，終成「毗盧」心印；由聞而持，則成「法住」心印。毗盧示迹釋尊化身；法住開爲聲聞眷屬，則有阿難行者起而相應；是謂我證佛果，阿難則護持我法。未來諸佛之應現，必開其法住印；阿難亦以行者資格作護持法藏之人；藉以廣其經驗也。所護法藏，不論大乘小乘，行菩薩道者皆應通達；故曰教化成就諸菩薩衆。阿難具此本願故得如是莊嚴記莂也。

佛告羅睺羅：汝於來世當供養十世界微塵數如來；常作諸佛長子，猶如今世；最後作山海慧自在通王如來長子。過是以後，當得成佛；名蹈七寶華世尊，十號具足。國土莊嚴，壽命劫數，所化弟子，正法像法，皆與山海慧自在通王如來無異。

羅睺羅原出如來內眷屬中之執金剛印。(見大日經及金剛頂經)示迹世間，作菩薩形，為金剛手；作聲聞形，為羅睺羅；皆以執持自心佛性為本德。行人適合此類根性，從外迹習聲聞道者，則成羅睺羅同類之機。當日示身為釋尊長子之羅睺羅，即此中行人之一；而與如來執金剛印相應者也。佛性中之一切種智，內心雖可一念具持；然發為外迹，須廣學多聞乃能圓滿；故其進修，恆與阿難平行。心中十世界微塵數種性一一發展，外迹即為供養諸佛一一圓滿。其以金剛手能力，任持何佛特性，即喻如其佛之長子；以是如來眷屬中魁首，故示作釋尊之子，則又力持釋尊特性耳。已與阿難平行並進，阿難功德圓滿時，羅睺羅最後之身，則轉持山海慧自在通王如來特性；故仍作其長子；從此遂證佛果。佛名蹈七寶華者，金剛手菩薩本德，恆步步蹈蓮華而行也。見密宗儀軌 國土莊嚴，乃至正法像法皆與山海慧自在通王如來無異，一向平行故。

爾時世尊見學無學二千人住立面前，其意柔輭，寂然清淨，一心觀佛；卽告阿難：是諸人等當供養五十世界微塵數如來，護持諸佛法藏；末後同時於十方各得成佛，皆名寶相世尊，十號具足。國土莊嚴，壽命一劫。聲聞菩薩，正法像法，數量悉等。

此學無學二千人，皆外習多聞，內修密行之流也。其意柔輭，寂然清淨，正是佛性將活之時。一心觀佛，以待如來加持；遂頓時相應，得蒙授記。從內心種性開發，一一以五智接之；是謂供養五十世界微塵數如來，此乃密行通例。羅睺羅祇供十世界者，金剛手已具五智，祇未圓滿，但依總智開發心數便得也。若約顯教，須言歷若干劫，供養若干佛，而後成正覺。示現應身，則寶相莊嚴，壽命一小劫云。

論曰：實修一乘大教，其始必由如來以神力加持，自心接受法流後，發起菩提性種；而以金剛手力用密持之，是名密行。無此密行，任何勤苦修習，不得眞實菩提。金剛手有如來長子之稱，爲能荷擔如來家業也。如來示迹比丘，金剛手從而示迹聲聞，俗諦上則爲如來親生子，羅睺羅乃其一例。非必化身佛之子皆名羅睺羅，亦非金剛手變作肉身聲聞；乃因地行人有名羅睺羅者與金剛手法性相應而已。內修密行，于事迹倘無所見聞，終囿于如來內眷屬秘境。就聞持方面觀之，固類文殊法性；外現聲聞身，非必名阿難，且亦非文殊化作；其義正同。二尊者之授記共置一品，蓋有密切關係也。

第十二　一乘法力品

此文晉譯藥王如來品，以開首詳述如來古史也。秦隋二譯缺之，惟說持經之功效；命曰法師品，約行者立名也。此品正明法華經為應身佛匯歸之所；得其旨者，法力極大；為成佛因，即唯一佛乘；故以「一乘法力」標題。

佛告諸比丘：佛法唯有一乘，直達阿耨多羅三藐三菩提；妙法蓮華經正宣此旨。所謂聲聞緣覺菩薩三乘，無非入手方便；一達佛乘，三乘不復存在。譬如衆川，皆歸于海；合為海水，無復諸川之名。欲持此經，須會無上智慧。得此慧者名法供養；勝餘一切事供。久遠劫前，藥王如來現身於大淨世界；我時為轉輪王寶蓋之太子，名曰善蓋，即修法供養之道，得柔順忍；于一世中化千億人，悉發阿耨多羅三藐三菩提心；方便令入聲聞緣覺化城者，人數十四載；生天上者不可以數計。男女二衆欲供養十方諸佛，以受持法華經為最；由此能會三權歸一實故。

一切衆生莫不隱具菩提心，而不能逕發之者，缺乏緣力耳。妙法蓮華經所謂唯一佛乘，即直達阿耨多羅三藐三菩提之道。權教三乘，無非俯就衆生機宜，迂迴曲折導入此道。已能匯歸無上智慧，菩薩固成如來；聲聞緣覺亦復如是。無上智慧爲五智總稱。內心密修此智爲法供養。由此法性增長、則能開作法相；其事甚捷。若從事迹入手，須取一一莊嚴具以資供養精純之極，依相會性，亦可得圓融之旨；然收效甚遲。故曰法供勝於事供。釋尊在因地時，曾於大淨世界親近藥王如來，實修法供；不久便得柔順忍，與般若波羅蜜相應。身爲轉輪王太子，卻能轉一乘法輪。其從菩薩乘發阿耨多羅三藐三菩提心者，有千意人。艮幾不相及，姑令先習聲聞緣覺之行者，多至十四載。載者鉅大數目之名也古法萬以上爲億億以上爲京京以上爲垓遞上爲秭爲穰爲溝爲澗爲正爲載爲極而修人天乘得生天者，則窮於算數矣。能受持法華經之人其初雖權習餘乘，終得會歸一實。

爾時世尊因藥王菩薩告座上八萬大士言：藥王，汝見會中無量八部四衆求三乘者，凡于佛前聞此妙法蓮華經，乃至一偈一句；雖祇一念隨喜，我皆與授無上菩提記；我滅度後，一念隨喜者，亦一一記之。

釋迦久遠劫前，曾從藥王如來學得一乘大教而修之；卽生能轉大法輪。所謂藥王者，法法皆具，無所不治；實卽一切種智也。釋尊接此法流，終至於修習成佛。而此法流隨時應機顯現外迹；行人能與其等流法身相應者，名曰藥王菩薩。于是以此位菩薩爲當機，而普對座上八萬大士（即經初所舉八萬菩薩摩訶薩）宣說一乘法力內容；即如上所說之法華要旨。平日無論權修何乘，若聞法華全經乃至一偈一句，能領略其旨而隨喜者；雖一念之暫，已接受法流，使菩提性種萌動于心；佛即記爲他日成佛之正因；屬渾略授記也。佛身既寂，而有藥王菩薩代揚法流，密密加持衆生；復得諸大菩薩如文殊等，各乘相當機緣顯說是經。于時衆生聞而一念隨喜者，亦植菩提性種；而隱蒙法身佛授記焉。

藥王，若復有人受持讀誦解說書寫此經，乃至一偈；復種種供養，合掌恭敬，視之如佛；當知是諸人等已曾供養十萬億佛；於諸佛所，成就大願；愍衆生故，生此人間。若有人問：何等衆生於未來世當得作佛？應以此等人對。此等人即是大菩薩；一切世間皆應瞻奉供養，與佛無異。其捨清淨業報，生此惡世，爲演此經故。

受持經旨，讀誦經文，解說經義，書寫經卷，雖少至一偈；但能種種供養恭敬，視此法寶猶佛者，是等行人即非凡流可比；必曾於十萬億佛所，親近供養，大願成就，誓入此間度生者也。此等人本應長居淨土，而卻示身惡世；原爲宣揚法華妙旨而然；當來決定成佛，自無疑義。已被授記之未來佛，應如現在佛而瞻奉供養之。

藥王，當知我滅度後，善男子善女人，能竊爲一人說法華經，乃至一句；當知是人即如來使，行如來事。何況於大衆中廣爲人說！

一乘人不論男女，凡會得法華妙旨，爲他宣說；雖當前聽者不過一人，所說不過一句，總屬轉一乘法輪。是說經者，卽銜如來使命而行如來大事之人。若聽者衆多，則其事更大；法益廣播故。

藥王，若有惡人，於一劫中以不善心現於佛前，常毀罵佛，其罪尚輕；倘以惡言詆呰在家出家讀誦法華經者，其罪甚重。

以不善心毀佛，此屬塵相；應得相對果報。及徹悟罪惡性空，則塵相如如，不落相對；一劫所積惡業，當然頓隱。故曰其罪尚輕。讀誦法華者，不論在家出家，皆直顯佛性。于佛性起處而以惡言詆呰之，不啻自行斷滅佛性；萬劫不得翻身。故曰其罪甚重。

復次，藥王，其有讀誦法華經者，當知是人以佛莊嚴而自莊嚴；爲如來肩所荷擔；所至之處，衆應恭敬讚歎；或以人中上供而供養之；或以天上寶聚而奉獻之。所以者何？是人歡喜說法；須臾聞之，卽植菩提因種故。

如來現身於世界，以加持衆生，兩肩則放光燄；此乃精進力之果德也，（參觀準提密軌）至心讀誦法華經之人，恆隱受如來加持；故曰爲如來肩所荷擔。得此加持，則佛之莊嚴功德運入行者之身；故曰是人以佛莊嚴而自莊嚴。其身既寓佛之功德，大衆自應恭敬讚歎。人趣當以上供供養；天趣當以寶聚奉獻。緣是人以歡喜心將法華妙旨轉宣於世間，而淨信者卽頓植菩提之因也。

佛復告藥王菩薩言：我所說經典，其數無量；而以法華經最難信解；此經是諸佛祕要之藏，共加守護；苟非當機，率行傳授，如來在世猶招憎嫉；况滅度後；是故從昔已來未便顯說。

應身佛說法，阿含，方等，般若諸經多至無量；遮情法門，鈍根固易信解；顯性法門，利根亦可領會。至法華一經，原攝諸佛之大用；爲一切如來祕密加持力之結晶品；借一佛之金口，作流通增上緣；信受者于不斷加持之中，勤修三密之行；真實心地，自然日漸開朗；終證阿耨多羅三藐三菩提。然心地未開朗以前，惟有淨信，不容思議；欲以意識思議，轉滋疑竇。是故諸佛不欲率行傳授，恐根機遜者因疑生謗也。如來在世猶招憎嫉，如五千退席增上慢人是。如來已滅，雖有法身大士支持；則以攝受之力較小，憎嫉之輩尤多矣。古來諸佛，唯密擇適宜根機而祕傳之；不便公開宣說。

藥王當知，如來滅後，其能書持讀誦供養此經，且爲他人說者，如來則衣覆其身；亦爲十方現在諸佛之所護念。若是人有大信力，志願力，諸善根力，斯與如來共宿；亦蒙如來摩頂。

法身如來常住不滅，示生示滅者，衆生眼中之應身耳。能見應身，法流加持力自然較大；學習一乘，三密成功自易。若應身已隱，現前無佛領導，學習較難。然能真心書寫受持及讀誦供養法華經，而且爲衆宣揚；其隱接法身佛之支持力亦不可思議。深心所感，十方現在佛亦必共同護念。衣覆其身，卽功德之光輝映于外。若更有大信志願及諸善根力，則自體恆與如來同化。發爲妙相，得見如來手摩其頂焉。實乃自身與諸佛法流相接，以頂點爲樞紐耳。

藥王，凡書說讀誦收藏法華經之處，皆應起七寶塔，高廣莊嚴備極供養；此中已有如來全身，不須復安舍利。若有人得見此塔竭誠禮敬者，卽近阿耨多羅三藐三菩提。在家出家菩薩不得見聞讀誦書持供養是經，非能行真實菩薩道；去阿耨多羅三藐三菩提尚遠。所以者何？一切菩薩阿耨多羅三藐三菩提皆屬此經；此經開方便門，示真實相故。

寫經之處，說經之處，讀誦收藏之處，皆應起高廣莊嚴七寶塔，備極種種珍物而供養之者，以行人至心所格，法華經所在之處，卽佛性所寓之處也。常途塔中特安舍利，重在佛遺骨中寓有佛性耳。今此經塔既有佛性寓於經中，故不須復安舍利也。但對此塔敬禮，卽隱蒙如來法流之益；爲一乘入道初門。菩薩所以可貴，爲能與諸佛法流相接，將來決定成佛；故在家出家之人，如不得見聞法華經而讀誦書持供養之；雖行菩薩道，祇屬三乘，不足以入真實一乘之室；以無如來加持實力，去阿耨多羅三藐三菩提尚遠也。然三乘菩薩能受持此經，則可打開方便之門，顯出真實菩提路焉。

是法華經藏，深固幽遠，無人能到；今佛爲教化菩薩，故方便開示。菩薩聞是經驚疑怖畏，當知是新發意者。聲聞聞是經驚疑怖畏，當知是增上慢者。

法華經爲諸佛究竟法藏，等覺以前不能深造其極；必須適宜根機乃堪與聞；能接受者卽稱真實菩薩；然多藉三乘權教作預科。其根機未熟者，聞輒驚疑怖畏；以與三乘路逕絕異也。此類驚疑怖畏之人，約菩薩乘，爲新發心之流；約聲聞乘，爲增上慢之輩。前者多屬愚癡，後者兼具貪瞋。

藥王，若如來滅後，有善男子善女人，欲爲四衆說是法華經者，是人須具三種功行：一者入如來室，起大慈大悲也；二者著如來衣，具柔和忍辱也；三者坐如來座，知一切法空也。能安住是中，然後以不懈怠心爲諸菩薩及四衆廣說是經。

佛滅度後，凡能領會法華妙旨爲他人說者，功德已如上文第四第八兩段所云。然具何資格方堪爲本經說法之師？本段乃楷定之。內心恆起大慈大悲，卽是廣行慈無量心，與普賢三昧相應；亦行悲無量心與虛空藏三昧相應。此誠如來家裏之事，具此堪稱入如來室。法法接以淨喜，外表自然柔忍；是行喜無量心與觀自在三昧相應者；喻如著如來衣，得莊嚴之相也。洞明一切法空，事事自然能捨；是行捨無量心與虛空庫三昧相應者；喻如坐如來座，真不動之相也。安住如是功行，而以精勤之心爲諸菩薩四衆宣說是經；方有實效。菩薩爲正機，兼攝四衆，一乘之法本來如是也。

藥王，真具說法功行者，我于他國遣化人爲作集衆開會因緣；亦化作四衆聽其說法。是諸化人聞法信受，隨順不逆。若說法者在空閑處所，我則遣天龍八部加入聽席。我雖在異國，時令說者得見我身。若于此經句讀忘失，則密令記憶。

三乘人不知一乘秘要，對于法華經亦祇從顯淺處講解；粗得皮相者便稱法師。聽衆惟羨聞經功德，有無真實法益，不知分辨。佛恐謬種流傳，大失法華價值；應身雖在異國，卻遣化人爲擇真具說法功行者，邀集大衆請其宣說。若大衆不知隨喜，則復化作四衆，加入聽席以爲之倡。此等化人聞法師真實解說，表示信受不逆。道場若在空閑之地，無憒鬧景況，天龍八部亦現身爲聽衆焉。說法之師雖未得親見如來應身，而說至相應時，輒感法身現前。句讀偶有遺忘，隱若有提示之者。化人原本來去無迹；有時曲順機宜，或于此土隱擇具有相當善根福德之人，密令發心啓請法師宣說此經也。

論曰：一乘法力之所以大，爲與真實佛性相應也。三乘多方對治，祇求漸近本體；而大用茫然。雖證果位，相似覺耳。真實佛性如何相應？須修最上無量心。及得四種三昧，則大慈大悲大喜大捨具焉。具此功行以轉一乘法輪，在在皆顯法華妙性；聽者獲益不可思議；宜其視法師如佛，而備極供養也。若無此等功行；即非入如來室，著如來衣，坐如來座，之人。惟憑意識，依文解義，爲人宣說，法力殊屬微薄。倘不會經旨爲何？妄以不了義逞其臆說；不惟絕無法益可言，甚或導人入于邪道也！

第十三　寶塔出現品

前品佛曾以神力加持會中八部四衆三乘行人凡與聞法華能淨信者，不論全經或一偈一句，雖祇一念隨喜，皆蒙普通授記，當來成佛。由此法流播諸十方，一切如來共起加持；夙根深厚之倫，自見諸佛遍滿虛空。然此乃十地菩薩境界；會衆無此功行，須從化境觀之；所謂根境和合之塵相也。堪作此境原動力，必素具此願之古佛；及現在說經佛之無數應化身；因緣力較厚故。明此方了本品理趣。

爾時佛前忽現七寶塔，高五百由旬，縱廣半之；從地湧出，住在空中；欄楯五千，龕室千萬；衆寶嚴飾，幢幡無數；垂諸瓔珞、寶鈴萬億；四面皆出多摩羅跋旃檀之香，充徧世界；忉利諸天，雨曼陀羅華；天龍八部及人非人，獻一切華香瓔珞旛蓋伎樂供養此塔。塔中出大音聲，歎言：善哉善哉！釋迦牟尼世尊能爲大衆說平等大慈敎菩薩法佛所護念妙法華經；如是如是，釋尊所說皆最真實。

七寶塔原是毗盧遮那如來三昧耶形。(詳密敎) 釋尊入法華三昧，加持大衆；功行深者自然于受用土中見此塔相；淺者須得外境和合乃能感見。時多寶如來夙願力故，從三昧起，以神力作外境增上緣；衆遂見寶塔上涌蓋清淨塵相也。外迹八部等皆得眼見，卽以華香等恭敬供養。寶塔之大，內容千萬龕室，爲法界壇中聖衆之所寓。欄楯五千，乃至寶鈴萬億，備極莊嚴之相也。多摩羅跋義爲性無垢賢；曼陀羅義爲白團；皆上文所已釋。

此多寶佛之受用身，卽毗盧遮那如來；往古曾示迹應身名曰多寶。當時一味弘揚法華；雖般涅槃大願如一；全身舍利常在法華三昧中；遇他方化佛宣說此經，必協力加持，以舍利塔出現會前，且流露其願力，作讚歎妙音，證明他化佛所說爲最真實之敎法。平等大慈，內以普賢力用攝受大衆也。敎菩薩法，外以觀自在力用宣揚一乘也。佛所護念，卽諸佛恆共加持之。凡一乘之法，必具此三義。

四衆頓見大寶塔住在空中，及聞塔中出妙音聲；得大法喜，怪未曾有；皆從座起，合掌敬立。座中有菩薩摩訶薩名大樂說，知一切世間天人阿修羅等心之所疑，卽白佛言：世尊，以何因緣，有此寶塔從地涌出，且發是音聲？

眼見清淨色，耳聞清淨聲，心得清淨喜，爲四衆向所未遇之事；不期肅然起立；然未能啓請所由。大樂說菩薩知其心疑而代問之。得佛慧者，每具四無礙智；所謂法無礙辯，義無礙辯，辭無礙辯，樂說無礙辯，是也。大樂說菩薩尤長第四無礙辯才；故示肉身與釋尊相問答。

佛告大樂說菩薩：寶塔中有如來全身；乃古昔東方過無量千萬億阿僧祇世界，有國名寶淨，佛號多寶；其佛行菩薩道時，發大誓願云：我若成佛，於滅度後，十方國土有說法華經處，我之舍利寶塔必湧現其前，爲作證明而讚歎之。成道後，廣宣法華而般涅槃；諸大衆起七寶塔，供養全身舍利。自是以來，十方凡有說是經者，此塔必出現而流讚歎之音；如故等今之所見所聞也。

法華境界，以一切種智（即大圓鏡智）爲所依；妙平二智莊嚴之；成所作智變化之。培植大圓鏡智，普賢之行也；故示迹于東方。開發平等性智，虛空藏之行也；故佛名多寶。安住妙觀察智，觀自在之行也；故國名寶淨。運用成所作智，虛空庫之行也；故舍利塔能隨機湧現。

是時大樂說菩薩，承威神加被而白佛言：世尊，我等願見多寶佛尊身。佛言：多寶如來有深重願力云「說經佛當我寶塔出現于法華會上時，欲以我身示四衆者，彼佛十方分身須匯集其間，我身乃現。」大樂說，我分身諸佛在十方世界說法者，今當先集于此。大樂說言：我等亦願見世尊分身諸佛，禮拜供養之。

釋尊欲以樂說無礙智暢其本懷，當機未有能作此等啓請；則以威神波動大樂說菩薩，發願求見多寶如來之身。佛無量分身，關係密切，匯萃一佛神力，能令一切分身俱現眼前；法流強盛，故爾時素具大願之多寶如來，亦乘此盛大法流得現色身。

爾時佛放白毫一光，照見十方各五百萬億那由他恆河沙等諸佛國土，種種莊嚴；無數菩薩充滿其中；諸佛各以大妙音宣說諸經；所屬菩薩亦各爲衆說法。時十方佛各告衆菩薩言：我今應往娑婆世界釋迦牟尼如來所，供養多寶如來寶塔。

一光遍照十方，一本萬殊之理也。方方所有佛土，皆多至五百萬億那由他恆河沙數；毗盧遮那如來一切種智之圓滿發達也。一一佛土之應身如來，皆與釋尊同等匯歸于毗盧性海，不過各隨分位，以攝所屬諸根而已。依「一切卽一」之義，任何處所諸分位應身，皆得同時並現。但有一佛加強其神力，以匯萃之便，得「成辦」；然必待時節因緣而後能。多寶塔涌現之時，卽因緣成熟之際；釋尊從而強力加持，十方無數佛土遂各現應身說法菩薩圍繞之相，宣言齊集娑婆，而供養毗盧遮那示迹之多寶色身矣。

時娑婆世界頓變淨土，瑠璃爲地，寶樹莊嚴，黃金爲繩，以界八道，燒大寶香，天華遍布；網縵羅覆，懸諸寶鈴；所有聚落村營城邑大海江河山川林藪皆隱而不現；唯留會衆，其餘天人移置他土。然三千大千世界雖聯成平正大地，尚不足以容一方分身佛。釋尊為普接故，于八方一再變更二百萬億那由他國，通為一片廣大佛土；平等嚴淨，于無量寶樹下各設一師子座，與十方佛數相符；座高五由旬，樹高百倍之。

釋尊雖為娑婆之主，而衆生多數不淨；故世界現作垢穢之相。今因無數分身佛共同加持，清淨法流強大異常；依報頓變。會衆緣厚者，忽若置身淨土；其餘天人依報與此不相容，遂若脫離他去；實則于不淨中兼顯一片淨境耳。約俗諦，無數師子座所占空間須八倍百萬億那由他國土之量。淨眼所見，若通在一廣大平面之上。會得總別無礙之旨，于此大淨土中；娑婆不妨互存。然惡趣衆生被伏淨盡，故不復現。天人仍可流露，卻若移居他國。

于時十方諸佛各偕一大菩薩為侍者，頓然來集；皆坐七寶師子座上；皆遣侍者問訊釋尊，各散寶華供養，代表本師佛言：來此參加開塔。釋尊聞已，即從座起，住虛空中；以右指開多寶塔戶，出大音聲，如啓城門。四衆敬立地上，合掌瞻仰；同見多寶如來安坐塔中師子座；全身不散，如入禪定。復聞讚歎言：善哉善哉！釋迦牟尼世尊演說妙法蓮華經；我為聽經來此。四衆聞此妙音，歎未曾有；以天華散兩佛土。

所謂來集，並非諸佛由彼到此，有遷移事。實則各運法流，參加多寶佛塔，共同加持；大衆循加持力來源，見諸分身佛似自十方至；各遣侍者問訊，亦大衆各依俗諦開作假相耳。參加開塔，卽共以神力打開塔門之障，得現多寶全身也。釋尊得此協助，衆遂見其上昇啓戶；威力之大，音聲轟然；此皆大衆依時間空間格式之所感也。

爾時多寶如來於塔中分半座與釋尊而延請之；釋尊卽入塔趺坐其間。衆見兩佛同處一座；欲觀其境，各自念言：佛坐高遠，瞻仰不了；願以神力令我等俱處空中。釋尊遂攝大衆上昇，宣言：如來不久當入涅槃；誰能受我付囑，廣說妙法蓮華經？

佛佛本來交融無礙；今借時空形式示衆，遂感讓半座之事。惟大衆未忘空間之見，不能遠近如一；故須上昇虛空以親近之。釋尊趁此機緣鼓勵能者，總以發揚法華爲念。多寶舍利本涅槃後事；釋尊與之並座，顯示將歸此境矣。

論曰：法住法位，世間相常；此文殊境界也。精此道者，得依三密妙用，時與古佛相見。本品卽以毗盧遮那如來爲本尊。凡既發菩提心受本尊法者，(詳密宗)苟如實修行，多寶身形自有現前之望；不論有佛無佛之世，能獲成就一也。釋尊猶在，爲作增上緣；大衆同時皆見尊形，則特別加持力使然耳。尊身將現，以三昧耶形爲先導。毗盧三昧耶形爲何？卽寶塔是也。

寶塔既彰，更以全神普集十方如來合力加持；毗盧法流交互接觸三昧耶形之中尊形出矣。大衆未能泯卻時間之見，失「世間相常」妙趣；故以得見久滅之佛而驚異。

第十四　提婆達多授記品

十四十五兩品，在梵文原繫寶塔出現品之後，秦譯缺失。齊武帝永明元年，西印沙門達磨提來，始補譯之；別名提婆達多品。（見統紀三六）本論復分爲二；以各有特殊法理也。此品法理，藉明釋尊在因地得入法華之由。成佛後權說三乘，雖非本懷；學人依之修行，亦可到中途被接入一乘大道；其直修一乘者，初無須三乘教法。然上不能見一乘真性；下又軼出三乘軌範；則必流於邪道，非入地獄不止。提婆達多假裝此等邪見之人，以示因果正義。當時惡名大播，亦所不顧。釋尊知其用心，特表出其本德；且爲授記；俾衆消息夙恨，免作菩提障礙云。

佛告諸菩薩天人四衆言：我於過去，無量劫中求無上菩提，未嘗退轉；每作國王，勤行布施；種種珍寶象馬婢僕國城妻子，乃至身命，皆所不惜；曾憶一世，人民壽命無量；爲求法故，禪位太子；繫鼓宣令云：有能爲我說大乘者，我當終身供給走使。

真實大乘，必須明心見性，乃能相應。僅憑意識以求無上菩提，雖勤苦布施，未嘗退轉，祇屬三乘。釋尊歷劫修因，自知未獲祕要，終不能成佛；故有禪位太子以求明師之舉。

所謂說大乘，乃示以真實相應之大乘法。得此明師，宜供給走使，畢生不懈。

爾時有仙人來白王言：我有大乘，名妙法蓮華經；若事我如意，當為宣說。王歡喜踴躍，隨侍仙人，供給所需；採果汲水，拾薪設食，乃至以身作座，身心不倦；為法精勤，千載如一；我今具足六波羅蜜，四無量心，三十二相，八十種好，十力，四攝，四無所畏，十八不共，成無上道；廣度衆生，皆賴仙人開示法華之力。

山居修道，世謂仙人；無佛之世，以此為重。此仙實得法華三昧，感太上王求法之殷，特現其前而攝受之。必以「事我如意」為條件者，試其心也。太上王果然不辭勞苦，服役千載，未嘗疲倦；仙人遂盡量以法華祕要開示之。太上王由是得悟菩提真心，從此實修六波羅蜜，乃至十八不共法，一一圓成；終證佛果。

六波羅蜜至八十種好如常釋。十力四無所畏見第二品。四攝者，布施愛語利行同事也。十八不共法為佛所獨具：一身無失，二口無失，三念無失，四無異想，五無不定心，六無不知己捨，七欲無減，八精進無減，九念無減，十慧無減，十一解脫無減，十二解脫知見無減，十三一切身業隨智慧行，十四一切口業隨智慧行，十五一切意業隨智慧行，十六智慧知過去世無礙，十七智慧知未來世無礙，十八智慧知現在世無礙。見大智論二六仙人爲誰？卽不理衆口之提婆達多也。四衆當知：無量劫後是人當得成佛；名天王世尊，十號具足。國名天道。住世二十中劫，廣說妙法。衆生得阿羅漢果，發辟支佛心，乃至求無上道，得無生忍，數皆無量。彼佛滅已，正法住世二十中劫。衆生因供養舍利塔而得三乘果位者，亦無量無邊。

提婆達多略譯調達，義爲天熱或天授；斛飯王之子，阿難之兄，佛之從弟也。釋種出家之例行，提婆達多見五百童子陸續現比丘相，亦思參加其間以觀究竟；遂禮佛求度。佛知其根機不適出家，勸在俗作財施功德。後遇僧伽比丘（證三果者）爲之剃度授戒；初甚聰明廣學；十二年中坐禪入定，心不移易，頭陀之行未嘗缺失；起不淨觀，了出入見，所誦佛經多至六萬卷；後乃漸循凡情，貪著利養，望人供給；然無神通，不能廣攝羣衆；卒于阿難所學得通力，能作十八變；每化身嬰孩，與摩竭陀國太子阿闍世嬉，甚獲寵愛；既而煽惑阿闍世弒父稱王，繼且共議毀佛及諸弟子；雖計不得逞，提婆達多卻無悔意，且逕詣佛所，求佛退位靜養，以四衆付己教誡；佛呵斥之，則四出誘惑，攝取無知之徒數十人，教以邪說，撥無因果，恣意妄行，惡名所播，十六大國莫不聞知；阿闍世王不便再容，敕令出國；提婆達多始露憂慼，還迦毗羅衛，恚結所纏，竟突入悉達太子故妃瞿夷之所，欲取爲妻；

痛遭挫折，左額受傷不能行；遂與還其舍諸釋皆不直之，促令詣佛懺悔；提婆達多尚設計乘機害佛；密作鐵爪，塗以毒藥，擬于禮佛足之頃，以鐵爪傷之，令佛毒發于脚而死；諸人輦輿往詣世尊，去三七仞，語左右扶其下輿；尋降于地，地忽開裂，猛火沸出，纏裹其身，生入地獄。所謂不理衆口，卽衆所共惡之人也。然將來卻成天王如來，廣說三乘，教化無量衆生；此凡情所不能測度者也。

佛告諸比丘：未來世中，若有善男子善女人，聞法華經提婆達多本德淨心信敬，不生疑惑者，決不墮三惡道；世世得生十方佛前，常聞是經。

以三乘眼光觀提婆達多，直一罪大惡極之人；宜其生入地獄。然入獄之後，目犍連嘗乘神通往訪之；問所苦？提婆答云：無苦。卽乘般若波羅蜜力出獄。是知全屬遊戲神通，藉此以破三乘教人之分別見者。明其本德淨信不疑；雖偶入三惡道，亦隨入隨出，無所留礙；故曰決不墮三惡道。分別之見全無，則入佛道之門自然；世世得生佛前。而此本德已與清淨蓮華相應；敬信之者，隱受法華熏習無間；宜其常聞是經矣。

論曰：一乘大教，事事無礙，能滅差別見，一切法平等並現。戒定慧及淫怒癡俱是梵行；菩薩外道所成就法同是菩提。（見圓覺經）提婆達多游戲之行，自佛眼觀之，固如清淨蓮華，出淤泥而不染。帝釋嘗問佛云：如是人亦得入佛法中耶？佛言：此人亦有佛性，當得無上菩提。是三乘教中已略露此旨矣。鈍根不解，以爲與佛作對，正是大逆不道。是墮「有佛」之見而不自知者。提婆達多具不動明王之德，以智劍大破差別見；化身入俗，自然恆與妙法蓮華相應。明王爲諸天領袖；成佛之名曰天王如來，非無故也。愚癡之徒一知半解，每作撥無因果論以遂其邪行；情執所纏，必入無間地獄不克自拔。提婆達多知其然，特游戲人間，循俗行事；示迹生陷地獄爲若輩儆。

不動儀軌明王功德頌云：「又召集三乘，天龍八部等，及一切衆生；抽取差別心，皆令爲一體，同住此三昧；各焚自心中因緣所生法；十方佛世界，唯成大火聚。威怒勝功德，勇健無與比。無邊諸如來，奉事本尊身。復有六十萬，恆沙俱胝佛，蒙本尊教示，成無上菩提。」釋尊固蒙其教示之一人，得與妙法蓮華相應，終成佛果。非然者，則歷劫浮沉三乘教中，所知障未除；生佛之見拘滯于心，成佛無期，最堪憐憫。提婆達多以大刀闊斧手段，亂砍一切；使因緣所生法消毀不行，卽乘不動威怒之性，以智劍斷所知障之義也。自非如來，未有能識此中秘密者；故特爲授記以表之。

第十五　龍女成佛品

寶塔出現至龍女成佛，爲法華眼目所在；梵文合作一品。世有別行流通稱法華箇本者，如西晉譯薩曇分陀利經是也。在秦譯祇得前分；北齊始補譯中後兩分，另標提婆達多之名。後分爲頓修法華卽生成佛例證，義理尤屬秘奧；故更分此品以表之。

多寶如來隨從菩薩名智積者，請本師還宮。釋尊言善男子，且待須臾；此有文殊師利菩薩，可與論議妙法。智積聞已，頓見文殊坐千葉蓮華，大如車輪；隨來菩薩亦各坐寶蓮俱從大海娑竭羅龍宮自然湧出昇寶塔前，敬禮二佛；嗣往智積所，互相慰問。

法華實修，以破除內外差別見爲入手功夫。釋尊依不動明王教示，終成正覺；外迹則以提婆達多爲師。必當多寶佛前說明之者，衆所難信之事，須藉他佛親作證明也。宗旨已宣，多寶宜還本土；故有智積之請。釋尊更欲大衆與知實修大效，特起文殊與智積週旋。心心相印，智積當下歷然；隨他受用，則示作外迹，以利羣機；于是頓見文殊色身從海出現。

妙法蓮華盡量開敷，依文殊三摩地現爲色相，則作千葉蓮華之形。本依水輪滋潤而來，故覺自大海出。淨垢一如，不妨借娑竭羅海龍宮棲息。爲二如來空中法流所吸，遂由水底湧住空中。原應智積心念而出，故往智積所相慰問。

智積問言：仁者教化龍宮衆生，得法幾人？文殊答言：其數無限量，當以事實證明。于時無數菩薩坐寶蓮華，由海昇空，參與六波羅蜜之論。此諸菩薩皆承文殊化度，由小乘空轉契大乘空。智積讚文殊云：「大智德勇健，化度無量衆。今此諸大會，及我皆已見。演暢實相義，開闡一乘法，廣導諸衆生，令速成菩提。

本經重在借事表理，少談法義。文殊表演化度力量，亦一味以事實證之。小乘祇會生空；大乘兼契二空。由契二空，即被接入一乘之門。智積蓋于無數菩薩衆參論六波羅蜜時，知已從權入實，故以二偈特讚文殊。偈意讚其實具普賢之德，故能闡一乘大法，令當機速達菩提大道也。

文殊承智積讚歎已，自言：我於海中唯常宣說妙法蓮華經。智積言：此經甚深微妙，諸經中寶，世所希有！亦有衆生修習是經，勤行精進，速疾成佛者耶？文殊言：有娑竭羅龍王女，年始八歲，上智利器；善知衆生諸根行業；得陀羅尼；諸佛所說甚深秘藏，悉能受持；深入禪定，了達諸法；於剎那頃顯菩提心，得不退轉；辯才無礙；慈念衆生，功德具足；今可成佛！

智積讚歎要點，在能導當機轉入一乘。文殊之具此力量，原以妙法蓮華經化度之。爲欲大衆傾仰此經，故承讚歎之後，逕自說明能實修此經，卽生可以成佛。但此等利根，世所罕見。智積特提此問，寓有深意：一者顯文殊化度之殊勝；二者顯卽生成佛之非虛。八歲龍女，表示利根童真，實卽般若菩薩之屬也。以具上智，故能善知衆生諸根行業。從陀羅尼法門受持諸佛甚深秘藏，分明以般若德而修無上密宗，深入禪定乃至功德具足，則證入毗盧性海，能坐大悲胎藏曼荼羅者。（義詳二十六品末） 若欲示現應化身，隨緣卽得；故曰今可成佛。

智積言：我見釋尊於無量劫積功累德，求菩提道，未曾止息；爲度生故，三千大千世界中，無有小許不是菩薩捨身命處；歷如此難行苦行，然後證阿耨多羅三藐三菩提；今謂此女能卽身成佛，其誰信之？

三乘教法，全憑意識用功，所有善法，一一須從塵相經驗；所有資財妻子乃至身命，在在皆當施捨。常途惟知此教，皆以善法圓滿，必須經歷無量數劫而後能萬無速疾成佛之道。文殊讚龍女「今可成佛，」聽者或視爲孚泛之譽；不加尊重。智積故作此疑，俾衆注意。

爾時龍女頓現於前，禮敬二佛；說偈云：「深達罪福相，徧照於十方；微妙淨法身，具相三十二；以八十種好，增益身莊嚴；天人所戴仰，龍神咸恭敬；一切衆生類，無不宗奉之；又聞成菩提，唯佛當證知；我闡大乘教，度脫苦衆生。

此乃龍女自況之詞。蓋已得清淨法身，以甚深般若波羅蜜觀照一切；罪福諸相當體卽空不礙法身之貫徹十方。智慧所行，三十二相好，八十隨形好，各顯其特性；形諸色身，自然莊嚴無量；爲天人龍神所戴仰恭敬。衆生對此法身，皆應奉爲正宗；不論其能否感見妙色也。具此清淨法身，當下卽成菩提；聞者或不免生疑；唯佛乃能證明其眞；龍女得是唯一大乘法而闡揚之，從而轉化一切衆生，令皆度脫。

舍利弗反詰龍女言：汝謂不久得無上菩提，其事難信！佛道廣大，非經無量劫勤苦修習不能圓備。且女身垢穢，五障具足；既非法器，云何能卽生成佛？

三乘教見解，以爲成佛要具三大條件：一者必須出家，二者必須男身，三者必須多劫苦修。今龍女以在家女身，謂能卽生成佛；權乘中人大都以爲妄語，然又不能當場質問。舍利弗心知衆意所在，故作反詰之詞；欲龍女以事實證明之。女身五障者：一不得作梵天王，二不得作帝釋，三不得作魔王，四不得作轉輪王，五不得作佛，蓋三乘教所素說

也。本經原文亦具舉之

龍女聞言，逕以手中寶珠獻佛；須臾之間，佛卽受已；智積及舍利弗皆謂其事甚速。龍女言：我能頓時成佛，更速於此！此言未畢，衆見南方倏現無垢世界；龍女卽於其中成正覺，三十二相，八十種好，坐寶蓮華，普爲十方衆生宣說妙法。

龍宮寶珠，價值三千大千世界所有資財；以此獻佛，極供養之誠也。一獻一受，其事甚速；龍女故使智積舍利弗同加贊詞，俾便對襯「成佛更速」也。南方無垢世界，乃依文殊三摩地演成之化土；法流所感，十方衆生根性相類者皆參加其間，齊聽妙法，所說之法，當一如文殊唯宣法華耳。

當時娑婆世界菩薩聲聞天龍八部人與非人，皆遙見龍女成佛；轉妙法輪；心大歡喜，而敬禮之。復觀無垢世界六種震動；無量衆生聞法解悟，得不退轉；無量衆生發菩提心，授無上記。娑婆衆生從而得不退或授記者，各三千人。智積舍利弗及一切會衆默然信受。

娑婆觀衆，約當時法華會衆而言。六種震動，卽動起涌震吼擊，義如常釋。轉妙法輪，約一乘大法言之。頃刻之間，衆生或得解悟；或蒙授記；皆法華捷效也。此土衆生蒙其影響，亦有因之得不退或授記者；蓋藉此增上緣，補攝釋尊座下之遺機。智積舍利弗本皆法身大士；先作疑問，引起事實證明；卽默然信受，爲大衆楷則。

論曰：一乘教重在內心相應，不在外迹空談；因最高義理，非言說所能顯示；雖不廢名句施設，若無相當修證，無從領會其妙也。修證之道維何？則以陀羅尼爲宗。龍女學法於文殊，卽得陀羅尼大用；故能受持諸佛祕密之法，而深入其三摩地焉。數歲之中，具足普賢心；廣攝諸衆生，現身化度，則辯才無礙；當下已證菩提，顯得常住法身；衆生未見其成佛者，機緣未至耳。一獻寶珠，二佛加持，法流強大，會衆被其波動，頓見龍女成佛於南方。於是皆知卽生成佛之說，果能如教實現。然不求陀羅尼之祕要，而空談法華；不過說食數寶，妄希卽生成佛，無有是處！

寶塔出現品，隱示陀羅尼境界。凡以多寶佛爲本尊，修其三密，能感寶塔現前；此密宗行者所知也。其未嘗修習者，得強大加持力，亦可與見焉。提婆達多授記品，明此人祕傳陀羅尼法門；原是法身大士垂迹；釋尊得其傳而實證佛果。本品則表陀羅尼捷效，爲「卽生成佛」之特徵。合三品爲一大品，法華之眼目斯彰。然泛傳顯義者，不知推本于陀羅尼；是猶買櫝還珠，虛得皮相耳。

第十六　比丘尼授記品

龍女以在家資格，顯示卽生成佛；法華妙旨得此有力之證明，宜乎學者皆思轉入一乘矣。然後世不易遭遇法華，端賴法身大士現身提倡。于是藥王菩薩以首座當機，率衆發願弘揚此經；勸人眞實修持；諸蒙授記者，皆同聲相應。而女衆尙未見明確授記；故大愛道耶輸陀羅于中求請，俾便向女人勸持也。

爾時藥王大樂說兩大士與二萬菩薩眷屬俱；以一乘敎確能獲「卽身成佛」之效，皆于會中：誓言當來衆生，善根轉少；多增上慢；貪利供養；依三乘敎斷難解脫；我等于佛滅後，應起大忍力弘揚此經；奉持讀誦，書寫解說，種種供養；不惜身命，爲衆生倡願世尊勿慮。衆中五百阿羅漢及學無學八千人得授記者，亦各起座發願：誓于他方國土廣說是經。以此土衆生弊惡難敎故。

藥王見一乘法力品；第十二 大樂說見寶塔出現品；第十三 皆法身大士，示迹與釋尊唱和一乘妙旨者也。龍女未表演成佛之前，大會羣衆對于「卽身成佛」之義，不能無疑；已得事實證明，皆當深信。然佛滅後，正法漸淪像末；若無法身大士潛運一乘法力加持其間；而任三乘敎徒敷衍了事，則佛法祇存膚廓；衆生原有善根，反日就隱微；而于三乘敎粗淺討度，一知半解，未得謂得，未證謂證；遽起增上慢心；翻作稗販如來之行，惟利養是圖；迷不自覺反憎正知見者之指謫。此等貪瞋癡慢具足之輩，與語解脫，無異南轅北轍。當此三乘敎失效之時，全仗法身大士出而維持。示現行者之身，以大忍力受持法華妙理，讀誦供養書寫解說，乃至不惜身命爲則。此固藥王大樂說及其眷屬菩薩之本願也。

示迹尊者如富樓那等，蒙授記者本千二百人；古譯標名，卻作「五百羅漢授記」；蓋各取特長，區分五百類，原攝千二百人也。學無學人如阿難等，蒙授記者本二千人；此品乃云八千人；或兼攝一乘法力品總授記中一部分根機在內也。此等大士皆有轉一乘法輪之心；鑑于藥王等之宣誓，亦起座發願焉。然不欲在娑婆弘揚，卻分布他方國土者，則以娑婆衆生弊惡難敎，應讓具大忍力諸菩薩爲之。其弊惡之特點，每憑自己一知半解之偏見，以否定較上更眞之敎理。如執外道敎法爲是者，對于佛敎毫未研究而遽毀之；執小乘敎法爲是者，對于大乘毫未思維而遽謗之；執三乘敎法爲是者，對于一乘未嘗參學而遽訾之；乃至執顯敎泛論自足，對于密敎不肯問津而遽詆之；一切皆以先入爲主，恆起增上慢；欲引令向上，確非易事！

爾時佛姨母摩訶波闍波提比丘尼，與學無學比丘尼六千人，俱起座合掌，瞻佛不捨。世尊問姨母言：何爲面帶慼容？將無謂我不爲汝提名授記耶？實則先作普記，汝已有分。必欲聞其詳者，當來之世，汝領此六千比丘尼，于六萬八千億諸佛法中皆爲大法師；汝先圓滿菩薩行，成就菩提果名一切衆生喜見世尊，十號具足。六千比丘尼各成大菩薩，遞相授記，次第成佛。

摩訶波闍波提具譯摩訶鉢囉闍鉢底，義爲大愛道；亦曰大生主；一切佛皆由彼生，故名。實卽佛眼佛母之示迹也。大愛道等以女衆未聞別記，恐不足弘揚法華；故有憂色。釋尊爲釋衆疑，特爲愛道授記，遞及六千比丘尼。此六千女衆，本皆佛眼眷屬也。窺見五智而保育之，故有佛眼佛母之稱。保育之道，以慈念衆生爲本；其示現佛相，自爲一切衆生之所喜見；因名一切衆生喜見如來。行者自心不發展此性，必不能成佛。故大愛道之弘揚法華，必不可少；非惟取便勸化女衆而已。遞相授記者，大愛道成佛已，授首座弟子記，當成一切衆生喜見如來，以後準此遞推。

時羅睺羅母耶輸陀羅比丘尼，以未提己名，心尚未釋。佛慰藉言：汝于來世百千萬億諸佛法中修菩薩行，爲大法師；佛道已具，乃于善國中成等正覺，名具足千萬光相世尊，十號具足佛壽無量阿僧祇劫。

耶輸陀羅或譯耶戍達羅，義爲持譽；或具稱；乃蓮花藏轉明妃菩薩之示迹也。自欲成佛，固須佛眼爲母；若欲普令衆生皆入淸淨性海，成蓮花身，須得耶輸陀羅特性涵養之。蓋佛之法流祇可提起衆生心中本具佛性；非得淸淨法水潛加滋潤，不能持令開發。授記曰具足千萬光相如來，正開敷千萬葉蓮花身之果報也。耶輸陀羅本在六千比丘尼之列；以具有特性，故另授記之。行者自心不發展此性，亦不能圓滿佛果。

諸比丘尼蒙授記已，皆大歡喜；自知從此眞堪弘揚一乘。卽于佛前發願：當來亦于他方國土，廣宣妙法華經。

諸比丘尼除耶輸陀羅外，將來皆成一切衆生喜見如來；蒙此授記，自有弘揚法華資格。誓于他方國土廣宣之，不于娑婆者，亦以此土衆生弊惡難教耳。

爾時會中有八十萬億那由他大菩薩，位皆阿惟越致；轉不退法輪，得諸陀羅尼，承威神力，各從座起，合掌佛前，心念世尊，若勑我等傳持此經，當依教宣揚。蒙佛默許已，卽作師子吼，各自誓言：世尊，我于佛滅後，周旋往返十方世界，能令衆生持誦書說此經；唯願世尊遙加護念，俾得如法實修。

本品除由藥王菩薩等發起勸持外，應聲而起者，皆迴心大乘得蒙授記之出家二衆，以攝持出家衆生信奉法華為主。今所說多數菩薩之發心勸持，乃該攝一切衆生而言。

毗盧遮那之力用，以八大菩薩分位化度。經云八十萬億那由他，包舉主屬言之也。阿惟越致，亦譯阿毗跋致，乃菩薩達到不退轉階位時之稱。此位不為諸魔所擾亂，故能轉不退法輪。得諸陀羅尼，表示已入密行也。具此密行，乃堪作師子吼，十方化度；惟須佛力隱相加持，法力強大，庶能令衆生得實修之效耳。

論曰：一乘教法，定慧等持。慧薄，不足以發五智；定微，不足以涵本性。等持以化度，主乎慧則現善男子身；主乎定則現善女人身。曼荼羅（即法界壇）中男女菩薩交錯排列，定慧兩足之義也。本經前此五番授記，皆出慧門；常途以是為重耳。然不兼究定門，決不得成佛。佛眼佛母，屬自利法；蓮花藏轉明妃，屬利他法；皆于定門現女相。依俗諦觀之，似惟女衆所應修；實則男女行人胥不可缺焉。至男女菩薩之欲弘揚法華，除藥王等輩，大都避此土而趨他方。豈一乘大教亦有所揀擇趨避耶？是固不可以詞害意也。所謂他方，非必躍出娑婆之外，但入本尊三摩地，當下即是他方國土；所見衆生，皆他方攝；從而轉其法輪，是謂教化他方。娑婆衆生若有相當功行堪被攝受者，仍在被化之列。其弊惡之甚，對于一乘極力詆毀，詳如本品末之重頌，則無緣攝入淨土之中；須待法身大士入俗勸誘。達摩慧可諸大德，固示迹之一也。

第十七　安住品

此品爲初心菩薩宣說法華經之楷模；因前品諸機，紛紛發願勸持是經，而加持力薄者難收大效，不可不先求住心之道，以植其基也。重在安住四法，故名安住品。

爾時文殊師利菩薩白佛言：世尊，是諸菩薩能發大願，于當來惡世護持讀說是法華經，事屬希有！但須具何等基礎，乃堪宣說？佛言：欲說是經，當安住四法。

文殊爲諸佛之師，深悉弘揚法華，全憑運用菩提大心；真與三昧耶境界相應者，化度自然適宜。若基礎未立，須依三昧耶戒附屬條文，隨時檢點；一一純熟與條文無違，庶能安住其心，而有宣說法華資格。必求釋尊金口親宣者，俾大衆知所注意也。釋尊所說四法，分詳如下：

一者修正行，謂兩種親近處。云何第一親近處？在離惡熏習：一不親近權貴；二不親近外道；三不親近世俗文章；四不親近一切兇戲；五不親近屠夫畜販；六不親近聲聞四衆；七不親近女人；八不親近非男；九不親近沙彌小兒。然此中有來問法者，皆隨宜與說，無所希求；而爲女人說法，不起欲念，不露齒笑，不現胸臆；若入俗家，不與處女寡婦等共語；一人獨入，尤須一心念佛；常好坐禪，閒處攝心。云何第二親近處？在觀大空：知一切如實相，不倒不動不轉，不生不出不起，無名無相，無礙無障，無量無邊，都無所有，但以因緣現。

此兩種親近處，總名菩薩正行；初淺後深。淺者志在調伏習氣；深者志在融會性體。習氣甚多，要因對象煽起。不應親近之對象，略分九種；性體未融，姑作避境之舉。若能融歸大空，恆與三昧耶戒相應；則固不須避境；任何對象當前，俱不能爲害耳。

第一親近處重攝心。權貴，如國王大臣等，位高勢大，喜怒無恆，每挾其權力以凌人。外道，統攝未知正道之輩；分別二見，執著不捨，每以似是而非之說惑世。世俗文章，總括一切戲論之作；增人妄想，亂人正志，不惟消耗有用光陰已也。一切兇戲，帶殺害性。屠夫畜販，或直接殺生，或間接害物。聲聞四衆，卽比丘比丘尼優婆塞優婆夷，雖勝外道，究滯化城，焦芽敗種，等同廢物。女人之身，對未能淨心之男衆，牽引力極大。非男五種，（內分天閹人犍嫉妬忽變半月見對法論八等）或失丈夫氣概，或具女子作用。沙彌小兒，童稚無知，見識未定。凡此種種，若與親近，阿賴耶識隱受熏習，惑業增長，皆菩提心之障礙。然所謂不親近者，祇因自力未到不動境界，恐被惡業轉移耳；非拒絕此輩，不與相見。此輩苟來問法，必隨宜示以眞理；或權或實，不離一乘正旨；亦不希求其必接受也。至對女人說法，尤須嚴肅，不容苟且；

一涉放逸，過失叢生；最好不入處女寡婦之家，入亦不敢共語，以杜流弊；心心念佛，不敢他緣；則未見性者入俗之權法也。坐禪攝心，斯平日修正行之常課矣。

第二親近處重顯體。體本絕無所有，實相如如名爲大空，一相不立之義也。由攝心而觀如實大空；知一切相無非幻影，隨緣偶現；衆生祇憑局部經驗所得，以不正之理路武斷是非，謂之顛倒見。乃至小乘自詡非常，惟苦，無我，不淨，爲正道；猶是顛倒。必的的明心見性，方稱究竟不倒。不動者，深見本體，不被顛倒事所搖動也。不轉者，功行堅固，不復退轉也。生滅出入起伏諸相對法，或名或相，無非符號施設；性遍一切，而非有實質；故曰無礙無障無量無邊；因緣牽引故，則隨時表現。

二者防過失：一不說他人是非；二不毀呰三乘經典；三不輕慢諸餘法師；四對聲聞人不揚其短，不讚其美，不生怨嫌；五對來問者不以小乘答，但以大乘說，令得一切種智。

真實明心見性，不妨隨緣讚毀；總以遮情表德作手眼，絕無情執參雜其間。攝心未純，言動每淪過失；初心菩薩爲預防故，遂有第二安住之方。中分五事：一不說他人是非者，本性未復而計較是非，輒增塵相纏縛，心性隱沒滋甚；宗門所謂「纔有是非紛然失心」，同此義也。二不毀呰三乘經典者，三乘雖屬權教，要能作一乘預科；鈍根所不可少；

若不解放便之道，一味毀訾，將使鈍根退失求道之心；不啻驅其走入一闡提路。三不輕慢諸餘法師者，謂一切未會深旨之法師，雖得少爲足，將淺作深，不能引人上一乘正軌；然于三乘教不無補助之處，若加以輕慢，自己先墮增上慢之過矣。四對聲聞人不揚其短不讚其美不生怨嫌者，聲聞人以持戒爲主，心性未了，而欲持戒無失，其事極難；是故短處時被發露；此須體卹其艱，勿揚于衆；然此道實非究竟，此輩行者縱有一得之長，亦不應讚美，藉免獎勵「不了義」之失；至此等根機，不易遽變，勿以其甘心權教而怨嫌之。五對來問不以小乘答，但以大乘說，令得一切種智者，以一切種智接引學者之大乘，即是一乘法，提倡法華，恆以此旨爲正宗；有來問道，所答必勿離宗；若來機惟慕小乘不求高尚者，任其退席可耳。

三者善教化，以四事自檢：一以質直心宣說是經，常捨嫉妬恚慢諂誑邪僞輕懱諸行；二對三乘四衆說法，不得率爾破斥，令其懊悔；三不應戲論諸法，有所諍競；四于一切衆生平等說法，適可而止，雖愛廣聞者亦不爲多說。具諸善巧方便，得好同學共持法。

一乘以常轉法輪爲心；初機菩薩施此教化，雖不能與見性精熟者比倫，要可以四事自檢，而爲衆宣說。質直心者，稱性逕行，不落分別，所有委曲不正行法，如對他人起嫉妬乃至輕懺等等，皆應時自檢察不令存在；一有存在，本性便沒；雖口說是經，而法流不通，效率殊尠。三乘之道，雖不了義，鈍根四衆，仍須賴以遮情；遽加破斥，徒令彼輩進退失據，一無所成，要須俯就機宜，方便引入一切種智耳。諍競由不諒解對方立場而起；淺學之人自以粗境爲是，執爲戲論；一乘行者知其弱點所在，然未能開其所知障，則姑縱之；禪宗所謂「若實不相應合掌令歡喜」，蓋不應與彼輩同一見識，必欲諍論求勝也。最高法理，當機能企及者，自應方便演爲言說以開示之；若舉一隅不能以三隅反，不必再說；說亦祇令彼輩從意識展轉攀緣，不得相應，故說法以簡要爲主；雖遇好學之人，惟許于提要外令其自行參究，俾真實啓悟，不應多說。具此四事以教化衆生，庶稱方便善巧；可以接引當機，相與共揚法華經也。

四者恆慈悲，略分兩類：一對大乘人常以慈心攝之；二對非大乘人兼以悲心攝之。不論在家出家，均導以法華妙旨；其人雖不接受，亦許種一遠因；及已成佛，乃以神通智慧調練之。具此慈悲者，說法能普利衆生；常爲四衆國王大臣梵志居士等之所供養讚歎；虛空諸天爲聽法故，亦常隨侍；所在處有來問者，諸天恆晝夜擁護，能令聽者皆得歡喜。所以者何？此經是三世諸佛共加持故。

諸佛之化度衆生，恆以大慈大悲行之；尤以大慈爲主；蓋卽攝受一切之普賢心，爲一乘法之根本也。權教大乘雖云普度衆生，然未與普賢心相應；祇從粗迹行其慈愛，所得等于人天小果；宣說法華之人，須常依三昧耶戒提起此心；對于大乘人但知不了義者，恆施以此種法流，導入一乘真實之境。若一向惟習小乘外道之輩，不解大乘爲何事；則兼施以大悲，隨機示以殊勝教法，在在不失法華宗旨。當機或在家或出家，平等攝化；其人縱不信解此道，隱隱中已潛起菩提種子矣。因地菩薩其事如是；及證佛果，則直運神通智慧大用，示以種種不思議瑞相以導之；向之隱種遠因者，爾時皆能接受加持，心頓清淨，得蒙授記也。

四安住法以「恆慈悲」爲骨髓；若先達此旨，則以上修正行，防過失，善教化，不必多所修習，自然言動中理，與之同符矣。是故安住第四法，說經之效極大；衆生實受其利；所有比丘比丘尼乃至梵志居士，皆應供養讚歎；空居諸天如梵王等，無不來侍聽；在在處處爲作護法道場，有所擁護，一切聽法者皆得安心接受，歡喜無礙；所以能獲諸天擁護，以說經者確與一乘宗旨相應；一言一句無非在三世諸佛共同加持之中；所發聲音，恆爲諸佛法流所寓；宜接受者得益無量。

復次，文殊師利，是經于無量國中，名字尚不得聞，何況得見而受持讀誦者！譬如轉輪聖王降伏諸國，以田宅衣服象馬奴婢乃至種種珍寶，賞賜功臣；獨髻中明珠不肯與人，唯一至寶，非通常戰功所堪受故。是經亦復如是。如來爲三界法王，弟子能秉法令對治魔障者，爲說諸經以利益之；所謂禪定，解脫，無漏，根力，乃至涅槃之城，皆恩物也。但唯一至寶如法華者，則不爲說。然轉輪聖王于特殊功勳，不惜以髻珠賜之；如來于一乘根器，則願以法華授之。是經爲一切如來祕密之藏，諸經中最；諸佛長夜守護，不妄宣說；今日緣熟，我乃演之。

名能引性，深者必得佛加持而後有效。然鈍根雖得加持，亦不能引起佛性；無明太重故。根機已不相及，而遽與提法華之名，殊少裨益；此無量國中所以不聞是經名字也。至法華妙相，更非緣熟不演；受持讀誦，須待聞見後行之；故曰何況得見而受持讀誦。轉輪聖王視臣下功勳大小而頒賞，頂上髻珠乃無價寶，得之則受用如意；然非具特殊功勳，則無獲得資格；此借俗諦以襯法華之不易聞見也。三乘教中禪定解脫無漏根力乃至涅槃，祇與世俗田宅衣服象馬奴婢乃至種種珍寶比倫；惟髻珠始堪譬喻法華而已。最高佛性，非得如來三密加持力不能開顯其大用者，名曰如來祕密之藏；與顯教諸經不同。長夜守護者，隱隱之中恆常護念之也。非機不傳，故不妄宣說。今日之得開演勝相，乃適遇機緣成熟而然；最宜珍重！

論曰：四種安住法，前二爲比丘初發大心者言之。見偈語後二則通于在家；而以慈悲爲根本，教化爲方便。一乘所以高出三乘之上，內心能顯出真實佛性，恆與大慈大悲相應也。然恆慈悲而不善教化，則度生之力不全；是故安住後二，爲行者必具功夫。安住既熟，任運言動，自與前二不相違；不必如比丘多兩類戒行作預科也。有當注意者，第一安住法雖爲比丘說，而于聲聞四衆不許親近。經文詳云：「又不親近聲聞比丘比丘尼優婆塞優婆夷；亦不問訊；若於房中，若經行處，若在講堂，不共住止；或時來者，隨宜說法，無所希求。」良由此輩爲焦芽敗種；已發大心之比丘，則與菩薩爲伍；若仍與問訊，乃至共住；蒙其消極氣習，反增一乘障礙；故須遠之；但有來見者，卻勿拒絕；隨宜示以一乘大道，藉表慈悲本懷；此輩無明深厚，不必希求其信解；雖知鈍根不能信解，仍不導以小乘；對呆守小乘之人，不加毀譽，亦不輕慢；宣揚法華理應如是；此則第二安住法之條目也。

第十八　菩薩從地涌出品

釋尊運用毗盧遮那如來全部神力，一切分身集中一處，加持雄厚；多寶本尊遂現全身于世；法流所播，驚動十方大菩薩來參加者數逾八恆河沙；以此方大士誓弘法華，則亦各起歡喜心，願留娑婆演說此經。然釋尊修此妙法時，無量心數一一開顯，成爲無量眷屬菩薩，隱藏心中；仗增上緣力，隨時得頓現于曼荼羅中會衆未泯時間空間之見，若覺諸菩薩皆從地藏涌出。涌出之菩薩既無量無邊，皆與法華爲緣，堪以轉此法輪者。娑婆世界祇患無當機，無虞缺乏一乘法師，不必他方菩薩代庖。此本品之所由立也。

爾時來自他國諸大士，過八恆河沙數，起座合掌，共白佛言：世尊，若聽我等于佛滅後，在此娑婆世界勤加精進護持讀誦書寫供養是經者，當于此土廣說之。佛言：止！善男子，不須汝等護持此經。所以者何？我娑婆世界自有六萬恆河沙數菩薩摩訶薩；一一各有六萬恆河沙數眷屬；是諸人等，能于我滅後護持讀誦廣說此經。

法華大會，十方無量菩薩同集于一平面上，分居四正四隅；姑以過八恆河沙數表之。此諸菩薩，乃胎曼持明院大勇猛部所攝，深得普賢之道者；護持法華自其所長；今日勤加精進乃至讀誦書寫供養謙詞耳。釋尊欲透露內心具足之祕密心數，故作遮止之言。諸心數無量，分攝于六波羅蜜；故云我娑婆世界自有六萬恆河沙數菩薩。一一心數又各有六波羅蜜融貫其間；故云各有六萬恆河沙數眷屬。

佛說是語時，娑婆世界所有國土，地皆震裂；無量無邊菩薩摩訶薩同時涌出；身皆金色，三十二相，放無量光；蓋住此界下方空中，聞釋尊妙音而來集者。一一菩薩各為首領；所率眷屬菩薩，多則六萬恆河沙數；少則三數人乃至一人；亦有獨身無伴者。

佛說是語之際，仗強力加持，無量心數各現菩薩身；佈成有相曼荼羅，與應身佛同其光相。此本一時頓現；似從地下涌出者，會衆帶惑之見耳。諸首領菩薩所率，或全部眷屬，或局部眷屬，乃至無眷屬者，各隨會衆因緣廣狹而然也。

是諸菩薩從地湧出，各詣空中七寶塔前，向二世尊敬禮；及到諸寶樹下禮一切分身佛已，以種種讚法頌揚二尊。自涌出至讚已，在世間須經五十劫而後畢；然當時大衆蒙佛威神力，謂如半日。

會得華嚴宗「同時具足相應門」及「十世隔法異成門」等義，對此段經文自然融解。蓋一落時間之見，一一菩薩到一一佛前禮拜讚歎，挨次而覲，非五十劫不了。以佛眼觀之，一念之間，諸事並具；會衆蒙佛威神之力視同半日，猶有所滯耳。

爾時四衆以佛神力故，亦見諸菩薩徧滿十方虛空中有四導師；一名上行，二名無邊行，三名淨行，四名安立行，代表諸菩薩問訊釋尊。釋尊答言：諸善男子，如是如是；如來安樂，少病少惱；衆生易化，不感疲勞。所以者何？是諸衆生世世以來，常受我教；亦于過去諸佛承事供養，種諸善根；故始見我身，聞我所說，卽皆信受，入如來慧；下焉者先習小乘，今亦引入佛慧，轉習法華。諸菩薩聞已，隨喜讚歎。

諸菩薩讚佛已，四衆又見其分布十方，徧滿虛空，無有間隙；而由四大導師代表問訊。此等導師，分表四行大菩薩之特性。上行菩薩示普賢行，修此行爲成佛最上之因故。無邊行菩薩示文殊行，虛空藏分位修此行能顯無邊功德故。淨行菩薩示觀音行，修此行得證清淨境界故。安立行菩薩示彌勒行，虛空庫分位修此行能安立世間法相故。問訊之詞，不外少病少惱等語，一準此方習向者，繫乎四衆機感之力耳。娑婆號稱難化，勞而少功；釋尊答以易化不勞，專就會上善根早具諸衆生言之。此輩固世世追隨釋尊受學，而于他佛亦曾多所承事供養；善根如是，宜其一見釋尊卽信受教法，而得如來智慧。根機下劣者未能一超直入，則繞道小乘以調伏之；其成熟者，終于法華會上與利智頓機同入佛慧也。

時彌勒菩薩及八千恆河沙菩薩衆，各作念言：我等從昔以來，于此種從地涌出之事未嘗見聞。于是彌勒代表大衆諮問世尊。寶樹下諸分身佛侍者，亦不知上涌菩薩之由來，各問其師；皆奉敕靜聽釋尊答彌勒語。

彌勒菩薩等一向祇從化身佛學習三乘；雖漸進至等覺地位，未入金剛心妙境；故對從地涌出諸大菩薩，未明所自。十方分身佛之侍者，固屬此類根機；故亦各求本師釋疑。時值釋尊方啓口答彌勒；遂皆敕其侍者同聽。

釋尊告彌勒言：善哉善哉！阿逸多，乃能問佛如是大事；如來今欲顯發諸佛智慧，諸佛自在神通力，諸佛師子奮迅力，諸佛威猛大勢力；汝等皆當一心，被精進鎧，發堅固意，以接受之。阿逸多，是無量無數阿僧祇諸大菩薩從地涌出，皆我于此娑婆世界成佛時調練而來；依下界虛空中住；常樂靜處，勤行精進，求最上慧，無有障礙；汝等未由相見。

阿逸多義爲無能勝，乃彌勒菩薩之名也。金剛心妙境，佛固不輕易表演；縱有表演，見者祇目爲不可思議；不求甚解。彌勒能作是問，已屬可喜。如是大事乃如來祕密藏之流露；證此境界，庶得諸佛究竟智慧，乃至威猛大勢力。中間喻以師子奮迅力者，師子奮迅時，開張諸根，身毛皆豎，現威怒哮吼之相；小獸震懾。佛入此類三昧，則奮法界之全身；開大悲之根門；現應機之威力，使外道二乘畏伏；故取以爲喻。金剛境界，雄猛無畏；非一心精進意志堅固，不能接其法流；故以是勉勗諸菩薩。釋尊修習金剛心時，無量心數頓然開顯；此本內心妙相，非他人所能知見。然于娑婆世界示現成佛時，循俗諦現五識身于世間；諸心數未遇其緣，恆寓心地之中，密密調練而已。機緣一到，爲外境力所牽動，遂若從地涌出焉。無明未盡，而欲追求諸菩薩歷史，準意識習慣，一若住于下界虛空，僻居靜處，精進不息，以求如來究竟智慧而已。末由相見者，境界迥異，不相交涉耳。

論曰：此品義理極深，非通密教不能曉；要在先明胎曼之機構。胎曼者，大悲胎藏法界生曼荼羅之略名。何謂曼荼羅？以法性圓具之妙體，開爲主伴互融無所不攝之法界道場也。義譯曰壇。不論諸佛衆生，皆寓此壇于心。無明籠罩，不能自覺，淪爲衆生；無明破除，法界全現，卽同諸佛。曼荼羅之上冠以法界生者，自性法爾如是；非由阿賴耶識歷練而來。衆生雖未成佛，此壇已藏心中，若胚胎然；故曰胎藏。諸佛以大悲力加持之，令胚胎如量發展，頓生法界之壇；詳云大悲胎藏法界生曼荼羅，以此。任何一心，以自性本體爲主，大圓鏡平等性妙觀察成所作四智，普賢文殊觀音彌勒四行，輔翼之；一一發爲尊形，則成胎曼中臺九聖。以中臺爲策源地一面交徹十方如來；一面攝化無量衆生；各有相當心數與之配合。外緣未具，伏于心藏而不彰；大悲所行，應諸世法而頓現；地藏湧出諸菩薩，卽緣具悲行之無量心數所化也。娑婆世界者，依釋尊自性本體而流現者也。常途所感，祇見三乘聖人調練純熟，無量衆生皆發大心，自然涌出無數菩薩與之相應。機感所繫，祇患緣之不具不患無一乘法師。他方諸大士，亦各爲其佛胎曼中之一尊；故作越俎代庖之請者，藉釋尊之答詞，俾會衆得聞無上密義耳。彌勒菩薩示迹修行，足歷三大阿僧祇劫；已入等覺之位；于十方菩薩應多所認識；而對從地涌出者，乃至不識一人；顯教立場，當如是爾。

第十九　如來壽量品

釋尊以密義說明從地涌出菩薩之由來；大會雖得植密因，而未能了解妙理；咸疑釋尊之成道，不過四十餘年，如何能成就下界無量大菩薩？此以三乘見地推測一乘理趣也。本品謂釋尊早已成佛；溯源塵點劫前，猶借俗諦方便說法；能泯時間之見，念劫自然圓融耳。

爾時彌勒等無數菩薩，疑佛成道未久，如何能教化如是無量無邊阿僧祇下界諸大菩薩，皆住阿耨多羅三藐三菩提？于是同白佛言：世尊得道，距今不過四十餘年；而此下界諸菩薩，善諸三昧得大神通，必于無量千萬億劫已勤修佛道；若世尊現世始教化示導，遽獲此效；我等雖深信如來隨宜所說，未嘗虛妄；然初心菩薩或聞而不信，起謗法罪；願世尊廣釋羣疑。

此段文意，諸譯皆附列前品之末；當是遵依梵本。然本品說明如來壽量已歷劫無數，純由彌勒等疑問引起，列入此處，似較順理。如來言說時或與常途教義不符；要必寓有深旨。彌勒等對此無上密義，未嘗不生淨信；初心菩薩號稱學習大乘，見地尚淺；聞此

非惟不解，抑並不信；由疑啓謗，往往然也。

佛初誥言：「汝等當信解如來誠諦之語！」彌勒等答言：「唯願說之，我等皆當信受。」佛再誥言：「汝等當信解如來誠諦之語！」彌勒等復答言：「唯願說之，我等皆當信受。」如是三誥三答，佛乃宣言：「汝等諦聽！如來祕密神通之力，世間天人阿修羅皆謂我初出釋氏宮，去伽耶城不遠，坐菩提道場，得阿耨多羅三藐三菩提。然我成佛以來，距今已過不可思議劫數！譬如五百千萬億那由他阿僧祇大千世界碎爲微塵，向東方過五百千萬億那由他阿僧祇國土乃下一塵；塵盡而止；自出發處至終止處，所有國土復一一碎爲微塵；一塵一劫，比諸我得道之時，猶遜百千萬億那由他阿僧祇劫。

三番誥誡而後說者，藉此激勵當機發起極大信心也。最上密義，未易領解；端賴淨信接受之。彌勒等已再三表明信受，釋尊自應廣說祕密神通之理。然而慣習三乘之會衆，驟聞念劫圓融，生佛不二，等深旨，或當目瞪口呆；故宜借時間格式施設教相。謂已成佛既在不思議劫前，非四十餘年前始于伽耶附近得道；天人阿修羅等，祇憑世間見聞，以示迹爲實事耳。圓滿成佛之道，須先得智波羅蜜。研磨識心以成智，大綱有五：所謂法界體性智，大圓鏡智，平等性智，妙觀察智，成所作智，是也。若比對外迹，修習五智心王，各須經百千萬億那由他阿僧祇劫而後發達，而一一智之心數，又各攝五智于中；兩言五百千萬億那由他阿僧祇劫，喻心王心數之相乘積也。諸智已開，復經百千萬億那由他阿僧祇劫；金剛心所行也。華嚴妙義，初發心時便成正覺；約胎曼中尊言之。今謂不思議劫前已成佛者，證胎藏界中毗盧遮那如來理法身也。四十餘年前所成之佛，表面爲釋迦牟尼如來之應身；裏面則金剛界中毗盧遮那如來智法身也。明此妙理，本段經文意義，昭然若揭矣。

從不思議劫前起，我常在此娑婆世界說法教化，亦于餘處百千萬億那由他阿僧祇國導利衆生。諸善男子，於是中間我說然燈佛等事，皆方便語。

發心頓成之毗盧遮那如來，原屬理法身；外迹上應化，未曾一一親歷其事；變現自在，尚非圓滿。然得十方諸佛共同加持，亦得以加持身隨機說法教導；或在娑婆，或在餘國，緣集即現；緣謝即隱。梵網經謂釋尊應化此土，不下八千次；或指塵點劫後智法身之示迹言之。距今一阿僧祇劫前，釋尊蒙然燈佛授記等事，目爲方便語者，以塵點劫後之百千萬億那由他阿僧祇劫，已在金剛心中行；不須然燈佛授記耳。然猶借授記之迹者，爲三乘人示範也。

諸善男子，衆生來至我所；我恆以佛眼觀其根器，隨其利鈍，施適宜教化；處處自說名字不同，年紀互異；巧設方便，權示涅槃；其有樂于小法，德薄垢重者，我爲說現世出家苦修，得阿耨多羅三藐三菩提；此乃方便教化衆生，令入佛道；故如是說。

如來應化，一時分身十方，互不相妨；卻仍相攝。溯釋尊夙生史迹，諸經不妨參差。且以太子妃于一阿僧祇劫前賣五莖蓮花之事言之，此女或云卽今之耶輸陀羅，或云卽今之瞿夷，固無害于事。蓋十方之中，二女不妨俱有此等史迹也。法身常住，無涅槃可言；權機見示涅槃者，所知障爲礙耳。德薄垢重，卽所知障深厚之輩。此輩下根，不便與語一乘實教；須從權以出家之法導之；褒爲衆中之尊；俾先專修對治煩惱之行；煩惱已去，然後開權顯實，令轉入一乘焉。

復次，諸善男子，如來所演經典，悉爲度脫衆生；或說己身，或說他身；或示己身，或示他身；或示己事，或示他事；非實非虛。所以者何？如來如實知見三界之相，無有生死，寧有出世及滅度者！以諸衆生有種種性，種種欲，種種行，種種憶想分別故；欲令生諸善根，以若干因緣譬喻言詞種種說法；于一如之中示入「不如」之三界；其實常住不變，非在三界中若退若出；所作佛事無量無邊，本來一念頓現；循衆生見，若歷時甚久，壽命無量。

法界體性，不落言說；一有言說，祇喻局部法相。衆生皆從局部法相畸形發展而來；度脫之道應各就其所習，方便導引之；如來所演經典，種類甚多，固各有其緣起也。經中所說，不論自他身事，皆與法界體性相應；故曰非虛。顯諸法相，無非隨緣而起之幻影；故曰非實。一如者，萬法皆空，融歸體性也。不如者，依用起相，萬法森羅也。如實知見三界之相，則萬法當體卽空；惟有法身常住；謂生非生，謂滅非滅。出世及滅度，自如來觀之，不過性之活用；衆生依識所習，恍若有生有滅而已。于佛身生滅之中，又各隨所習而感如來有種種差別言行。衆生有種種性，乃至種種憶想，卽所習之表徵。法身是一，頓時能現無邊大用，令衆生一時各見隨緣之相。衆生爲時間之見所限，逐次遞觀；依俗諦遂有如來壽命無量之說。其實無量之壽命，等同一念耳。

復次，我成佛度生，壽命已歷不思議劫；未來壽命，何止倍于上數！然嘗唱言：如來不久當取滅度，豈中途忽夭？無非方便激勵衆生耳。所以者何？若如來長住于世，薄德衆生不作難遭遇想，便起憍恣而懷厭怠，貪著五欲，墮入妄想；是故方便說言，如來祇如曇花偶現，不易得見；薄福之人，恐失機會；乃生渴仰之心，而種善根。

釋尊壽量，逆溯過去，已歷不思議劫；順推將來，實亦無有終極。明得法身常住之理，知任何如來莫不如是；非惟釋尊爲然也。衆生識執所做，以爲自他之身皆是無常。如來法身，已無從窺見；惟俟緣熟，偶覩應化之身。循俗諦軌則，勢隨緣謝而滅度；此非佛身確有生滅，實乃衆生見有明昧耳。明則感佛出世；昧則感佛滅度；若是而已。然如來何不施以特殊加持力，使衆生永遠明見佛身？則以般若波羅蜜未相應之先，心不純淨，不能接受此等殊勝加持；縱令常見，而染心所縛，視佛平平無奇；雖有信心，不敵世惑，迫切修學之念，姑俟異日。若聞如來不久入滅，始恐機緣將失，不得不鼓其勇氣而求學焉。因此激勵，亦得種局部善根；三乘教法，固以是爲大權方便也。

論曰：理法身一彰，立地成佛；隨時能以一乘化度衆生；衆生未必見其莊嚴妙相者，此由業障自蔽；非法身功德有所未具也。累劫演化，心數以次發皇；五智相攝，分位無邊；終歷不思議塵點劫數而調練無遺，智法身遂告圓滿；一遇殊勝機緣，無量心數齊現尊身，若從地涌出。釋尊之發明理法身，固在塵點劫前；而圓滿智法身，距今亦逾百千萬億那由他阿僧祇劫。隨緣示現應化金身于此間，至少八千次；以爲四十餘年前，經過六年出家苦行，始成佛者，當日三乘人迷惑之見也。釋尊開權顯實，特指出一阿僧祇前蒙然燈授記等事，猶是化作；不久當取滅度，更屬權詞。品末重頌云：「諸有修功德，柔和質直者，則皆見我身，在此而說法。」蓋柔和質直之人，依三密實修一乘之道；隨時能感見佛身現前說法；無所謂滅度。三世行者皆能如是，如來壽量無窮可知矣。倘會無量壽命實同一念，見地尤勝焉。

第二十　差別功德品

聞如來壽量長遠而信解法身常住之旨，乃至種種行持或隨喜者，所獲功德不可思議；隨根機深淺，功德表現不無差別；本品之名以此。

佛告彌勒菩薩言：阿逸多，我說如來壽量長遠時，六百八十萬億那由他恆河沙衆生，得無生法忍；千倍此數大菩薩衆得聞持陀羅尼；更有一世界微塵數大菩薩得樂說無礙辯才；同數大菩薩，得百千萬億無量旋陀羅尼；復有大千國土微塵數大菩薩，能轉不退法輪；中千國土微塵數大菩薩，能轉清淨法輪；小千國土微塵數大菩薩，八生當成正覺；四四洲微塵數大菩薩，四生當成正覺；三倍四洲微塵數大菩薩，三生當成正覺；二倍四洲微塵數大菩薩，二生當成正覺；四洲微塵數大菩薩，一生當成正覺；復有八世界微塵數菩薩，發無上道心。

言六百八十者，或融六識會入法身；或融八識會入法身；前機較多，故以百計；後機較少，故以十計。無生法忍者，所謂「知一切法無我得成于忍」也。衆生因聞如來壽量長遠而成此忍者，多如恆河沙；其在大菩薩位，聞此妙法能以陀羅尼持之者，其數則千倍之；此統攝諸方國土來會者言之也。陀羅尼，乃體會當時法流狀況，而表以相應言音。其因智慧啓迪從而得樂說無礙辯才或旋陀羅尼者，則各有一世界微塵數之多。樂說無礙，乃四無礙智之一；旋陀羅尼，顯真言互攝之道；得妙觀察智者遮能成就焉。能轉不退法輪，必已得無生法忍；能轉清淨法輪，更能導衆生入淨土矣。八生者，須習八大菩薩功行也。四生者，須習東南西北四門妙行也。三生者東方法門已習，尚須習餘三門也。二生者，更除南方。一生者，惟餘北方未習也。八世界微塵數衆生，約八方來會天人能從此發心者。

佛說種種功德時，虛空普雨天花；分供寶塔中二佛，及寶樹下諸佛；亦散一切大菩薩四部衆之上。又雨細雨旃檀沉水諸香，及千種天衣，無數瓔珞，徧于九方；寶爐燒香，普熏周至；天鼓自鳴，妙聲深遠。復有諸菩薩執持旛蓋，次第而上，至于梵天；皆以美音讚歎諸佛。

空中種種供養，依「重頌」所說，乃他方釋梵爲之，即上文所云從此發大心或得無生忍之輩。言九方者，以會衆分布一平面上，八方及中央凡九處也。執持旛蓋諸菩薩，即上文得種種饒益者。次第而上，按功德深淺而分配也。

佛復告彌勒言：衆生聞如來壽量如是長遠，雖一念信解，功德已不可限量；于菩提心種決定建立；若有善男子善女人，爲阿耨多羅三藐三菩提故，于八十萬億那由他劫行五波羅蜜；以此功德比前功德不及百千萬億分之一，乃至算數譬喻不能知其比率。

一念信解，指清淨信解而言。知法身壽命不可以時間限制，功德之大，五波羅蜜尚非其比；何況世間餘善！會此者，于無上正等覺必不退轉。布施持戒安忍精進禪定五種波羅蜜，在三乘教雖屬可貴；然未與般若波羅蜜融化，不過相似境界；長期修習，總不與法身相應；故對于信解法華之功德，比率甚小。「重頌」云：「乃至一念信，其福過于彼。」是祇須臾淨信，不能了解其義；福德已超勝三乘人之習五波羅蜜者。

復次阿逸多，有聞如來壽量不解其旨趣者，已能起如來無上智慧；何況廣聞是經，受持其道，兼修供養，普化衆生！是人功德無量無邊，能生一切種智。

一乘大教，由淨信入；但能深心接納，雖不知理解；自心本具之如來智慧，已因加持力而提起相當功德。若得廣聞而受持之，乃至能隨義深解；於法身常住之旨，明了無疑；功德自然更勝。上文「重頌」云：「若有深心者，清淨而質直，多聞能總持，隨義解佛語；如是之人等，于此無有疑」；指此也。清淨者，不染；質直者，率真；具此二德，乃稱深心。如是人等，功德固勝「惟信」之輩；然尚未詳莊嚴之道；必兼修供養，普化衆生，功德乃更無量無邊。所以者何？一乘體相用，依此平等發展，爲一切種智生起之大本故。

阿逸多，若善男子善女人，聞說如來壽量，深心信解；則如見佛常在耆闍崛山，對菩薩聲聞大衆說法；又見娑婆世界，瑠璃爲地，坦然平正，閻浮檀金以界八道，寶樹行列莊嚴；諸菩薩咸處其中，能如是觀，是爲深信解相。如來滅後，聞是經而不訾，且真心隨喜者，亦深信解攝。由隨喜而實行讀誦受持，斯人則頂戴如來矣。

法身常住之旨，已能深心信解；則知任何處所，無非如來所在之地。當日所見釋尊說法于耆闍崛山中，菩薩聲聞大衆環列之事，隨時皆可現諸目前；此猶帶賴耶緣起，未足稱爲無上。若就法身起處，于娑婆之中，竟睹受用佛莊嚴淨土；則屬法界緣起，是真深信解相也。如來滅後，聞法華開權顯實之道，不惟不謗，且能真實隨喜者，是人夙生必曾深種信解之因。由此能繼續前生之功，加以讀誦受持，則法身如來不難頓現頂上；蓋頂戴如來，爲蓮花部基本法理，持法華者應得之也。

阿逸多，如來滅後，善男子善女人，受持讀誦是經，爲他人說者，不須復起寶塔供養舍利；亦不須更造寶坊供養衆僧。所以者何？是人功德，等同已起七寶塔，高至梵天，具足莊嚴，供養佛舍利，經無量千萬億劫；亦同已造大寶坊，無數殿堂，駢備圓滿，供養若干千萬億僧。

供養舍利，無非欲藉舍利所寓之法身，以熏習自心本有佛性；供養衆僧，無非欲藉衆僧所具之功德，以熏習自心本有屬性。三乘人不知運心之道，祇得從外迹起塔造坊；雖借相起性，亦有法驗可期；然一生所得有限，須歷無量千萬億劫之莊嚴供養，乃能獲得一切種智之發展。讀誦受持法華之人，自他並度，心中自然開顯一乘之體相用；一切種智速疾發展，性昭則相自彰；無須起塔造坊，法身功德無不圓滿也。

阿逸多，此等善男子善女人，若兼行六波羅蜜，乃至起塔造坊；功德尤勝。當知是人已趣道場，近阿耨多羅三藐三菩提；是人行住坐臥之處，一切天人皆應觀之如佛，起塔供養之。

上文第三段，謂多劫行五波羅蜜，較一念信解法身常住者，功德不足比數；以局于三乘權教也。若已聞一乘而兼行六波羅蜜，則一切種智由萌動而啓發，功德逈不相同；其起塔造坊，亦事理交融，爲莊嚴法身之增上緣。此等行者已法身日著，名曰已趣道場，謂已入一乘之道也。名曰近阿耨多羅三藐三菩提，謂不久當證佛果也。是人已發明法身，則行住坐臥之處，無異如來舍利所在之所。天人所以起塔供如來舍利者，爲舍利中寓法身耳。是人已顯法身，宜一切天人皆應起塔供養之。

爾時彌勒菩薩白佛言：世尊，若有善男子善女人，聞是法華經隨喜者，得福幾何？佛言：如來滅後，四衆及餘智者，若長若幼，聞是經隨喜已；從法會出，隨所至處，如其所聞，轉爲親友宣說；是親友等聞已，亦以喜心轉告他人；如是展轉宣傳至五十次；此末次聽法之人，以隨喜心所得功德，雖屬低微，猶是不可思議。譬如有人求福，以種種珍寶用具普施四百萬億阿僧祇世界衆生，各遂所欲；滿八十年，受施者皆已衰老；則以佛法訓導之，悉得阿羅漢果；是大施主之功德，較諸上舉末次聽法之人隨喜功德，尙不及百千萬億分之一；乃至算數譬喻不能規其比率；則最初親聞佛說而隨喜者，其福之大，尤爲無量無邊可知。

聞法華能淸淨信解受持，爲他人說，乃至兼行六度等，種種差別功德，上文已備言之。但有一類根機，聞而隨喜轉告他人者，功德雖與前不同，究有相當之福。彌勒知大衆心之所念，故興此問。隨喜者，見聞他人之言行而悅之也。所聞之經，以如來壽量品爲主；亦攝以上諸品。淸淨之喜，能使當前境界攝入第八識成爲淨種；此法種雖未經若何熏修，然已能植其基矣。惟福量若何？須待佛明言耳。最初從佛親聞之人，隨喜心所得之法種，相當強大；展轉宣傳，法種漸弱；然傳至第五十次，法種尙有相當效力。此等法種，皆一乘性理所攝；較諸權乘財施法施之功德，超越無量倍；第五十次所得，尙如此殊勝；何況最初從佛親聞者！

阿逸多，若有人爲是法華經往詣僧坊，或坐或立，須臾聽受；緣是功德，轉世得上妙象馬車乘珍寶輦輿乃至得天上行宮。若復有人，于聽法處坐；能勸後來者坐，或分半座與之；是人功德，轉世得帝釋梵王轉輪王等坐處。

此亦隨喜功德之一也。雖未乘歡喜心轉告他人，來世得福已若是其大。此等隨喜，縱未能與清淨信解相應，亦須以殷重心聽受乃得；其缺乏誠懇恭敬者，必無如是功德也。

以上二段經意諸譯皆另開一品；究實亦差別功德攝。文義無多，不妨附併耳。

論曰：一法之行，性相不妨並起。善真諦者，能獨顯性；或俗諦者，卻惟溺相。如其不溺，則于塵相之中隱得妙性之用；不必大徹大悟而後然。然徹悟者力用強；不了者力用弱耳。佛說法華，法力熾盛，普及會衆；一心接受者，法流頓透心源；須臾之間，即起淨種。默契不疑，是謂淨信。加以隨喜，滋潤力生，種子更向開敷之路矣。能將經意宣之于口，思之于意，滋潤尤大；此讀誦講解之所以可貴也。受持者憑三密之力以堅其佛性；供養者仗增上之力，以嚴其法相；實修密乘之人皆當知之。常途不曉此中差別功德，釋尊故對彌勒舉揚之。

第二十一　六根清淨品

信解法華而能實際修習常加精進，可獲六根清淨；少者一二根，多者五六根，則當機而異。佛特告常精進菩薩者，非具精進之心，不足獲此功德故。

爾時佛告常精進菩薩；若善男子善女人，能受持讀誦解說書寫是法華經，是人眼鼻身三根當各顯八百清淨功德；耳舌意三根當各顯千二百清淨功德。

六根本來清淨，因被六塵纏繞，失其本德。今以修習法華，本性日彰；精進不已，回復青爭功德。分千二百與八百兩種者，圓缺不同也。眼鼻身之接境，皆有一部分不能感受之處；較諸耳舌意功德爲少。所謂舌根，兼指宣傳作用言之；非惟局於味覺已也。

是實修人，父母所生清淨肉眼，得見三千大千世界所有內外形相；亦見其中一切衆生，及其作業因緣果報生處。

外色屬塵，內色屬根。在三千大千世界中，塵相山林河海，上至有頂，下至地獄，清淨肉眼固能見之。而憑肉眼習慣，返照根性；亦能于中感見山林河海等相。其所以異于天眼者，必藉眼球爲緣；無眼球，則內外色均不能感得。此三千大千世界中，一切衆生之內外色，乃至造因得果等事，無不見之。

是實修人，父母所生清淨肉耳，能聞三千大千世界一切有情非情內外音聲；一一了別，而不壞其耳根。

一切有情，統攝凡夫聖者言之。凡夫不出天人阿修羅餓鬼畜生地獄六趣；聖者則賅權實諸乘果位中人。一切非情之聲，統攝物材器具言之；如水聲樹聲車聲鐘聲等皆是。肉耳須藉耳朵為用，故異于天耳。尋常多音齊發，肉耳祇能辨別較強之聲，或混合之音；餘則模糊雜亂。此清淨耳能一一辨之，故曰不壞。聲音分內外，亦以根塵境界有別也。

是實修人，亦能以清淨鼻根，感受三千大千世界所有植物畜生，乃至一切凡夫聖者身分所發之香；其根不壞不錯。

植物，如花果草木等；畜生，如象馬牛羊等；凡夫聖者，義如前釋。此中一切身分，固各有其氣味。普通鼻根，祇能感受氣之濃厚者；若多種香氣混合一處，鼻根每不能細辨；或有失壞錯亂之患。修習法華，能令鼻根清淨；諸塵之來，直與性通；一時不妨多香入鼻，而了別無礙。（龍樹菩薩未學佛時，數十種藥物和合為丸，頓能辨一一藥物之質量，乃夙生曾習法華之效。）清淨之尤者，如重頌所云：不惟得聞任何動植物香氣，且從而審知物之所在；乃至衆生種種動作，無不隨香而知；一切聖者之行道說法，亦無不因香氣活動之狀況而一一明了也。

是實修人，亦能以清淨舌根接嘗一切物質；不論美惡，皆成上味。運舌說法，出深妙聲；聽者入心，歡喜快樂。天龍八部皆來親近；緇素知者以爲菩薩而隨侍供養之；亦爲聖者之所樂見。所在之處，佛恆護念啓迪。

物味有美惡，習于分別見耳。根性開展清淨，凡味入口，了其特性各有勝處；自然皆成上味；此祇自受用事。若轉度人，則藉舌根推動以顯清淨法輪；因與如來法水相應，聲從心源流露；故曰出深妙聲。聽者接其法流，心頓清淨，如獲甘露；故有歡喜快樂之心。天龍八部感其殊勝，當然皆來親近；于恭敬供養中求獲法益。聲聞四衆，國王大臣，乃至一切在家之輩，苟知是人卽是菩薩，莫不盡其形壽隨侍供養之。聖者如阿羅漢辟支佛大菩薩，乃至一切佛，咸樂見之者，以是人能顯法身也。諸佛恆與法身融化，故是人在在處處皆蒙諸佛守護；且或現身啓迪焉。

是實修人，得清淨身根，如淨瑠璃；衆生皆喜見之。三千大千世界所有形相，皆影現于自身中；或見四種聖人在影中說法。

淨瑠璃，喻行者之身瑩徹不濁也。此等清淨身相，衆生自然喜見。重頌云：「又如明淨鏡，悉見諸色像；菩薩于淨身，皆見世所有；唯獨自明了，餘人所不見。」肉身瑩徹，三千大千世界氣流匯萃其中，無不接受；根性分明，法法不相雜亂；故諸色像無不呈現。此等行者卽是菩薩，故曰「菩薩于淨身，皆見世所有。」所有者，綜三千大千世界一切有情非情形相言之。「唯獨自明了，餘人所不見」者，餘人根性未顯，唯滯塵相；無從窺見其妙。四種聖人影中說法，亦是獨自明了。然密乘行者之修法，旁人許有獲見一二殊勝事者，大都藉此動機開出塵相耳。

是實修人，得清淨意根，通達妙義；諸所說法，隨其理趣，巧符佛旨；能演一句一偈，終歲不匱，皆與實相無違；處世治生，悉葉俗諦；三千大千世界衆生心理，相機輒了。

意根不淨，則爲識執所滯；未能照顧一切條理而應用之；得清淨者，則緣慮自在；對衆說法，宜有無礙辯才。法無礙，卽萬法交融；義無礙，卽衆義通達；故曰隨其理趣巧符佛旨。熟之至，則詞無礙，樂說無礙；一句一偈，能終歲演繹不匱，無不與實相相應。隨緣處世治生，無不適宜。衆生心理雖未外露，已能于意根中察其動機而默會之。

論曰：六根清淨功德，行者能得其一二，固屬可貴；至于全具，自然最勝。夙根偏于定者，多向前五根得驗；偏于慧者，則從第六根著效耳。定慧等持，六根皆顯大用，且互融通；然必識蘊盡去而後可。楞嚴云：「識陰盡者，六根互相爲用。」明此義也。可以融通之由則法性本一，依體起用；內心觀之無形中一種活動而已。開爲塵相，眼識爲色，耳識爲聲，乃至意識爲法。六塵隔歷不融，斯成凡夫。匯歸根性，仍然一味。循六識習慣，根中亦得顯現諸相；一根能攝諸根。卽以上文鼻根言之：六趣衆生依正動靜無不知之，攝眼根之用也；佛菩薩之說法，修行人之讀誦，無不知之，攝耳根之用也；男女心念之邪正，物質價值及出處，無不知之，攝意根之用也。身舌二根，經文雖未詳言，可類推已。

第二十二　常不輕菩薩品

前品云：實修法華者，得六根清淨，堪作一乘法師。究竟卽生能全具六種功德者有無其人？本品特舉常不輕菩薩爲例。

爾時佛告得大勢菩薩：汝今當知，四衆持法華經者，所得功德，六根清淨；若加以詈罵誹謗，獲大罪報；前已分別言之。

持法華者，須以勇猛精進之心行之；乃能威力具足；得大勢菩薩，卽與此等特性相應；佛故與言此事。行之者所得功德，如前品所說。若人以惡口詈罵誹謗之，則自招罪戾，如三車喻品之附頌。（詳見舊譯譬喻品末）

得大勢，過去無量無邊不可思議阿僧祇劫，有佛出世，號威音王如來，十號具足。國名大成。劫名離衰。爾時彼佛大轉法輪；爲求聲聞者說四諦法，令得涅槃；爲求緣覺者說十二因緣，令解法理；爲求菩提者說六波羅蜜，究竟佛慧。彼佛壽量，四十萬億那由他恆河沙劫。正法住世，一閻浮提微塵數劫；像法住世，四洲微塵數劫。其後于此國土，復有佛出世，亦號威音王如來；如是有二萬億佛，次第出世，皆同一號。

此乃毗盧遮那如來以天鼓雷音性，顯示應化身也。國名大成，即萬德莊嚴此乃天鼓雷音如來本德之示迹也。離衰者，時代隆盛。此萬德莊嚴法身，能如量應化不息；繼續二萬億，其緣乃盡。名威音王者，以具大威力之一乘法音，開示四衆，如天鼓雷音耳，普通根機，不解威音本旨，祇聞三乘教法而已。隆盛之世，人民壽命甚長；威音王佛隨其機宜，示壽四十萬億那由他恆河沙劫，化身入滅，正法住世，復延如許微塵數劫；像法時期且四倍之；皆非此方衰世之人所能比擬者也。

最初威音王如來像法時期，增上慢比丘有大勢力。是時有一菩薩，現比丘身，未嘗專心經典，惟遇四衆，恆禮拜讚言：「我深敬汝等，不敢輕慢。所以者何？汝等皆當作佛。」四衆之中心不淨者，惡口毀云：「無智比丘，誰受汝虛妄授記？」如是多年，常被罵詈，不起瞋恚。雖四衆加以杖木瓦石，避走遠住，猶高聲唱言：「我不敢輕于汝等，後當作佛。」增上慢輩，習見已久，每以常不輕名之。

一乘法音，當佛在世，威力固大；正法之時，猶有傳燈菩薩顯揚其宗；像法祇存言教，一乘法流不彰。三乘比丘，抱殘守缺；以無宗師加持，固不能證真實果位；而增上慢輩，竟以意識所行粗境，謬自滿足；互相標榜，具有勢力。時有契會一乘大道之菩薩，欲以佛性密攝此輩，俾種勝因；示迹比丘，與之接近；而于三乘經典，略不措意；惟藉禮拜讚歎以攝受大衆；見諸四衆，不論久學初心，一味禮拜；且以「未來佛」相期許。四衆對之不加拒絕者，已隱接一乘法益于心。垢染太深者，乃竟加以毀辱；甚或傷其身體；此則以逆緣攝受來機。蓋毀辱等之後果，雖不免地獄報應；而當日法流乘機入心，潛熏佛種；報應已盡，佛種竟得萌動也。此種常不輕慢之精神，潛移默化已久；四衆且習而安之，至稱之為常不輕；攝化終于奏效矣。

是菩薩臨欲命終，於虛空中具聞威音王佛先所說法華經二十千萬億偈，悉能受持；卽得六根清淨；更增壽命二百萬億那由他歲，為人廣說是經。於時增上慢四衆一向輕賤是菩薩者，見其得大神通力，樂說辯力，大善寂力；聞所說法，無不信受。

威音王佛在世時，常不輕菩薩前身，固嘗與聞妙法蓮華經。因佛壽長遠，故所說多至二十千萬億偈。像法之時，此位菩薩復示生其國；實行一乘普度之願，以普遍禮拜讚歎為攝受四衆之資；臨欲命終，諸行暫歇；前生所聞妙偈，自然于法界中現。以頓持故，六根皆淨；神通無礙；壽命得任意延長，俾便廣說是經。增壽以二百萬億那由他為限者，適可則止耳。蓋法緣一盡，無須強留此肉身也。增上慢四衆，目光如豆，聖凡莫分；但因能現神通辯才無礙等等，始能發心皈敬而信受其語也。善寂者，八風不動義；亦善巧潛化義。

是菩薩復化千萬億衆，令住阿耨多羅三藐三菩提；命終之後，得值二千億佛，皆號日月燈明如來；於其法中說是法華經。以是因緣，復值二千億佛，皆號雲自在燈王如來；亦各于其法中持解是經，以化四衆。以故六根世世清淨；衆中說法，心無所畏。

復化千萬億衆，令住阿耨多羅三藐三菩提者，指聽衆能發普賢心言之；不論從前是否在增上慢之列也。常不輕菩薩化度力至此，普賢行告一段落矣。命終之後，值二千億佛，皆號日月燈明如來者，依毗盧遮那如來福德莊嚴身之化迹而歷練其文殊行也。遵日月燈明教綱以說法華，正文殊梵篋手之運用。以是因緣，復值二千億佛皆號雲自在燈王如來者，以文殊行爲基；復依毗盧遮那如來受用智慧身之化迹，而歷練其觀音行也。雲爲甘露之本，燈爲光明之資；雲自在燈王實觀自在王（密教阿彌陀佛別名）而兼無量光（顯教阿彌陀佛別名）之義。世世精進度生；宜乎六根永遠清淨，說法無畏。

得大勢，是常不輕菩薩歷千萬億世供養諸佛，宣說是經；功德成就，終成正覺。此菩薩豈異人乎？我身是也。若我宿世不受持讀誦此經爲他人說者，不能疾得阿耨多羅三藐三菩提。

普賢文殊觀音三行已成，從此當繼續羯磨之行。供養諸佛，上求也。宣說是經，下化也。此等羯磨，亦名彌勒行；包舉慈悲喜捨四無量心也。此行圓滿，即成無上菩提，即現在法會中釋尊之古迹。自最初威音王聞說法華而至成正覺，中間雖曾承事諸佛，其數有限；不必供養恆河沙數如來；故稱疾得阿耨多羅三藐三菩提。

復次，彼時增上慢四衆，以瞋恚意輕賤我故；二百億劫常不值佛，不聞法，不見僧；千劫于阿鼻地獄受大苦惱；畢是罪已，復遇常不輕菩薩教化阿耨多羅三藐三菩提。現會中跋陀婆羅等五百菩薩，師子月等五百比丘比丘尼；思佛等五百優婆塞優婆夷，皆彼輩後身；今皆于無上菩提得不退轉。

此乃補足「謗法應得惡報」之義。然對一乘法而能毀謗，即法流已曾衝動其心；瞬起佛性法種；不過爲瞋恚輕賤心數所壓，佛性隨復埋沒。氣愈盛，沒愈深；二百億劫不與三寶感應者，佛性無緣再現也。以毀謗一乘故，福銷罪重；自然于阿鼻地獄千劫受大苦惱。二百億劫後復遇常不輕菩薩說一乘法，則罪障磨折略盡；佛性始隨常不輕之說法華而復活耳。此時之常不輕，較當初之常不輕，又不知隔越若干世；總屬釋尊未成佛前之化迹而已。釋尊成佛以來，已甚久遠；當日增上慢輩，曾經受罪，今猶追隨座下爲大會所親見者，則有跋陀婆羅等。跋陀婆羅義爲賢護，在家大菩薩；爲二千四百餘年前印度最大巨富商主長者之子；享用之美，過于帝釋。（見大寶積經百九卷賢護長者會）比丘比丘尼各五百，以師子月爲首優婆塞優婆夷亦各五百，以思佛爲首。（參觀晉譯）

秦隋二譯，師子月句，缺比丘二字；思佛句，缺優婆夷三字，應依晉譯補足之。

論曰佛必具五智而後圓成。毗盧遮那爲法身總體，雖衆生本具，而諸智未習，不克彰其大用。依普賢行以開大圓鏡智；當從攝受衆生始。常不輕菩薩示身于威音像法之時，以所得于威音之一乘種性，轉度他身；迹同凡夫，將何攝受？則有讚歎禮拜之法焉。順受之者，固能接其法流；逆拒之者，亦得植其遠因。調練多劫，普賢行成；遂長與威音相見；全部法華流現心中；所度衆生皆在歡喜信受之列；向之反抗甚至毀辱者，無不收爲眷屬矣。依文殊行以開平等性智；性智光燦耀。從化迹觀毗盧遮那，見作日月燈明如來。依觀音行以開妙觀察智；明通自在。從化迹觀毗盧遮那，見作雲自在燈王如來。依彌勒行以開成所作智；則變化無方，毗盧遮那千萬億化身隨緣現前，佛名不一。四行圓滿，因地本具之毗盧遮那總體，從而成果位相應之法界體性總智矣。五智具足，莊嚴受用身永遠常住；有緣者接其應身，則爲多寶如來。分位觀之，鏡智爲寶幢佛，平智爲開敷花王佛，妙智爲無量壽佛，成智爲天鼓雷音佛，皆應身之基幹也。然示現應身，必以天鼓雷音爲潛勢；本品威音固不離雷音之義；而日月燈明與雲自在燈王，在晉譯一名雷鳴音王，一名雷音王，其意可知。

第二十三　如來神力品

上行等菩薩從地湧出之後，卽應對佛發願，廣弘法華；因彌勒等頓起疑情展轉演出如來壽量等四品申說已畢，乃以本品遙承之。

爾時從地湧出上行等千世界微塵數菩薩，皆合掌白佛言：世尊，佛于任何分身國土滅度之後，我等皆當廣說是法華經。所以者何？受持讀誦解說書寫供養此真淨大法，是我等本願故。

從地湧出諸菩薩，本皆佛之內心眷屬；仗加持力，隨時得現等流身。然由等流身轉入受用身，自成本尊時，中間亦需一種羯磨功夫；卽由分位而融合于真淨大法之本體也。此種功夫，形諸外迹，無非對本經受持讀誦解說書寫供養等事。

時世尊於文殊師利等舊住娑婆世界無量百千萬億菩薩，及四衆八部人非人等衆會之前，現大神力，出廣長舌上至梵世；一切毛孔放無量色光，皆遍照十方世界。衆寶樹下諸分身佛，亦復如是。滿百千歲，然後還攝神力；一時謦欬，俱共彈指；是二音聲偏達十方諸佛世界，地皆六種震動；其中衆生以佛神力故，悉見此土會上諸佛，及無量菩薩四衆圍繞寶

塔而住，皆大歡喜，得未曾有

諸心數齊以殷重心感動心王，起大勢力，向舊娑婆世界諸菩薩如文殊師利等，乃至四衆八部一切人非人，皆見世尊頓現無邊神力，得未曾有。一切毛孔，即諸心數所開放之門戶。廣長舌爲三十二相之一；即心王具攝衆德播爲妙音之利器也。分身諸佛，亦乘此神力，各現廣長舌；一一毛孔各放無量色光。此等事相本來剎那頓具，凡情漸次觀之，非百千歲不盡。諸佛還攝神力之頃，謦欬（歡笑聲）彈指交作；二種音聲各遍十方神力之大，能令十方佛土莫不六種震動；十方衆生皆能見聞此中瑞相。

十方諸天，即於虛空中高聲唱言：過此若干國土，有釋迦牟尼如來，在娑婆世界，爲菩薩衆說大乘妙法蓮華經；是諸佛之所護念；汝等皆當深心隨喜；亦當禮拜供養彼佛。十方衆生聞聲已，皆合掌向娑婆唱言：「南無釋迦牟尼如來」以種種珍物遙作供養，所散諸物，從十方來，雲集此土會上，變成寶帳，十方世界通達無礙，如一佛土。

十方衆生各聞其中天衆謦覺之聲，從而注意。各各國土距娑婆遠近不一；近者比鄰，遠者隔無量無邊世界。過此若干國土者，統攝一切遠近之地言之。諸天能作此等唱言，是已聞法華之輩，皆于其國護持此經者也。由諸佛共同護念，故威神之力能遍滿十方。深心隨喜，卽植一乘法種；加以禮拜供養，根機日厚矣。衆生業障薄者，接此加持力；聞此謦覺聲；自當合掌皈依釋尊；以釋尊爲播揚法流原動力故。供養諸物，集中此土，變成總寶帳者，「功德聚」之法理，應如是爾。依普賢力，十方衆生暫時受攝于一處；依文殊力，開爲莊嚴國土；所有世界自然通達無礙，如一佛土。

爾時佛告上行等菩薩及諸大衆：諸佛神力如是無量無邊不可思議；爲囑累故，以是神力說此經功德，窮無量劫猶未能盡。以要言之，如來一切秘密要藏，一切自在神力，一切應機法輪，一切甚深事業，皆於此經宣示顯說。是故汝等于如來滅後，應一心受持讀誦解說書寫，如法修行。所在國土，若有此等行者，其經卷所住之處，不論山谷城邑園林堂閣僧坊俗舍，皆應起塔供養。所以者何？當處卽是道場故。諸佛於此得阿耨多羅三藐三菩提故。於此大轉法輪故。於此大般涅槃故。

上行等菩薩踴躍發願，宣說是經，釋尊全部心數振奮力故，遂成大轉法輪之原動力。十方諸佛交互加持，從而現出不可思議之絕大神力，爲囑累（義詳第三十品）者，藉此超越神力以流通此經也。依此神力，演出無量無邊瑞相；若一一說明其功德理趣，真窮劫不盡；祇可以四大綱領括之。依大圓鏡智，有祕密要藏。依平等性智，有自在神力。依妙觀察智，有一切應機法輪。依成所作智，有一切甚深事業。威音王佛所說二十千萬億偈之法華，對于四大綱領，當有詳細解釋；現傳釋尊簡本，雖不過三十品，大要固可得微論也。如來滅後，能發願如法修行此經，由受持以至書寫，行者所奉經卷之處，不論靜鬧淸俗，皆一乘佛性輝耀之所；與諸佛道場無異。應起塔供養者，等同佛身所住地也。諸佛皆據此等道場而成正覺；皆依此等道場而轉法輪；皆從此等道場而示涅槃。

論曰：四大綱領存諸現傳簡本者，祕密要藏，有陀羅尼普賢勸發二品；藉真言開發法界體性中之祕要也。自在神力，分見經序寶塔涌出等品；而以本品充量發揮之。應機法輪，以妙音來往觀音普門二品；探其本一切方便宜說，隨之而生焉。甚深事業，所有授記諸品皆屬之；亦攝其他不可思議密行。本品「重頌」大旨云：「於佛滅度後，能持是經故，諸佛皆歡喜，現無量神力。」又云：「能持是經者，則爲已見我，亦見多寶佛，及諸分身佛；又見我今日教化諸菩薩。」是如來自在神力，實修此經者，皆能于定中證明之；不必釋尊在世也。無佛在世，誰作法華原動力，引起十方諸佛共同加持，以及多寶佛現前，諸分身齊集，衆菩薩上涌？則已得祕密要藏之人，自能如法修其三密，開顯法華全部曼荼羅妙境耳。頌文處處注重「能持」，非徒事講解者所克有濟；以講解祇從比量推測理路，不能親見此中微妙也。能親見者，即身爲十方諸佛法流樞紐，通達無礙；自然廣轉法輪；辯才無礙；乃至如來甚深事業，亦得隨緣作之。此等行者是如來真正代表；其所住處，宜乎起塔供養矣。

第二十四　陀羅尼品

秦譯此品，在普門品後；隋對勘梵本糾正之；不空觀智軌，次第相同。蓋因前品激勵受持，藥王菩薩遂挺身而出願支持之；勇施等相繼附和各說陀羅尼以資擁護爲。秦隋二譯咒音，祇得概略；應以智軌爲宗。

爾時藥王菩薩起座白佛言：世尊；受持是法華經者，讀誦通利，書寫流傳，得福幾何？佛言：受持此經乃至一偈，如能讀誦解說，如法修行；較諸供養八百萬億那由他恆河沙等佛，功德尤多。

法華經非徒講解便得！必須真實受持。受持之人，心契其理，口誦其文，純熟無礙，是謂通利。古無印刷術，故流傳惟事書寫。是人與法華相應；故得福之大，自然超勝徒事供養諸佛者。所供養佛，數以八百萬億那由他恆河沙計者，舉八方不同特性之佛，一一供養無量數；藉事行熏習一切種智，俾漸次發展其局部功德也。然受持法華，能令全部種智一時頓發，故功德尤勝。

藥王菩薩重白佛言：我今當以陀羅尼守護說經者；卽說真言曰：

安禰滿禰一　麼寧二　麼麼寧三　喞帝左哩帝四　捨迷五　捨弭跢尾六　扇帝七　穆訖帝穆訖多迷八　娑迷九　阿尾灑迷十　娑麼娑迷十一　惹曳十二　乞灑曳十三　惡乞灑曳十四　惡乞史抳十五　扇帝十六　扇帝捨迷十七　馱囉抳十八　阿盧迦婆細鉢囉底也吠乞灑抳十九　唎嚕二十　阿便怛囉顰尾瑟置二十一　阿典多跛哩舜帝二十二　塢俱黎二十三　穆俱黎二十四　阿囉孏二十五　跛囉孏二十六　輸迦乞史二十七　阿娑麼娑麼二十八　沒馱尾盧枳帝二十九　達磨跛哩乞史帝三十　僧伽湼具灑抳三十一　婆夜婆野尾戍陀寧三十二　滿怛囉乞灑夜帝三十三　嚕帝嚕多矯捨隸三十四　惡乞灑曳三十五　惡乞灑野嚩曩跢野三十六　嚩路阿麼儞也曩跢野三十七　娑縛訶三十八

陀羅尼義爲總持，在口密即真言；此方稱之爲咒；蓋藉言音表示法性如何轉動也。此本內證境界，以意識解之，每落法塵；故咒語恆不譯義。然全不解釋，學者每墜五里霧中；諸咒功用，不知分辨；惟至効驗顯著時，始有所安慰；終亦歸諸不可思議而已。必須明真言用意所在，得力乃大；以有意密相輔也。上列真言，內含三十八句；可分三大段釋之。首十八句，顯妙體；次十句，顯妙相；末十句，顯妙用；密義如左；

安禰滿禰，密指「微細之意」。麼寧，麼麼寧，密指「念而無念」。喞帝左哩帝，密指「如如淨行」。捨迷，捨弭跢尾，密指「寂然澹修」。扇帝穆訖帝穆訖多迷，密指「默息解脫。」娑迷，阿尾邏迷，寗指「平等無邪。」娑麼娑迷，惹曳，寗指「平等智慧。」乞灑曳，惡乞灑曳惡乞史抳，寗指「盡而無盡。」扇帝，扇帝捨迷，寗指「總歸默寂。」馱囉抳，即「陀羅尼」別譯。

阿盧迦婆細鉢羅底也吠乞灑抳，寗指「巍巍明淨光相現前。」呬嚕，阿便怛囉頞尾瑟置，寗指「依內而來。」阿典多跛哩舜帝，寗指「究竟清淨。」塢俱黎，穆俱黎，寗指「無有坑坎。」阿囉嬭，跛囉嬭，寗指「亦無煩惱。」輸迦乞史，寗指「其目清淨。」阿娑麼娑麼，寗指「無等等境。」

沒馱尾盧枳帝達磨跛哩乞史帝，寗指「觀佛及法。」僧伽湼具灑抳，寗指「大衆妙音。」婆夜婆野尾戍陀寗，寗指「光極清淨。」滿怛嚟滿怛囉乞灑夜帝，寗指「盡真言相。」嚕帝嚕多矯捨隸，惡乞灑曳，寗指「隨其音響宣無盡意。」惡乞灑野嚩曩跢野，寗指「字相無盡。」嚩路阿麼儞也曩跢野，寗指「字相無礙。」娑縛訶，寗指「得圓成就。」

世尊，是陀羅尼爲六十二億恆河沙諸佛所共說；若有侵毀此法師者，即是侵毀諸佛。

釋尊讚言：善哉！善哉！藥王，汝愍念擁護此法師故，說是陀羅尼；饒益衆生甚大六十二見及其分位，各有恆河沙億；諸見斷盡，能顯出六十二億恆河沙佛與之相應。若集中行者之身，能發起一切種智。而集中時，表以淨妙言音，則成上文咒語。有反對此法師之持誦者，卽埋沒諸佛之智慧；故藥王對世尊云云。藥王為加強法師之心力，輒持此咒以護念之；不惟法師得其法益，而法師以一切種智之法流轉利衆生，影響尤大；故釋尊復如是說。

爾時勇施菩薩白佛言：世尊，我亦說陀羅尼，擁護讀誦受持法華經者；能令夜叉，羅剎，富單那，吉蔗，鳩槃荼，及一切餓鬼，欲伺其短者，皆不得便；卽說真言曰：

入嚩隸一　摩訶入嚩隸二　屋計穆計三　阿孋阿孥嚩底四　頸嚟知臾頸嚟知夜嚩底五

壹置寧六　尾置寧七　咖置寧頸嚟置寧八　怛嚟吒嚩底九　娑嚩訶十

以勇猛精進之力為行者作無上法施，能令行者發起雄猛無畏精神，向前邁進；一切鬼神不能為礙；是為勇施菩薩之特性。夜叉義為捷疾；羅剎義為暴惡；皆惡鬼總名；喜噉人者。富單那，正譯布怛那，身形臭穢，為餓鬼中福之最勝者。吉蔗，或譯吉遮，起屍鬼也；義為所作。鳩槃荼，卽甕形鬼，亦名冬瓜鬼，能噉人精氣；正譯弓槃荼。

真言十句，密指「光明以次豐盛，由微而著；得其堅固，安住之極；堅行中恆自如如；

得圓成就」行者因指見月，與精進力相應，心中自覺妙境現前。

世尊，是陀羅尼，恆河沙諸佛所說；亦皆隨喜受持者。若有侵毀此法師，則與侵毀諸佛無異。

諸佛皆具雄猛法性，故勇施真言，實與諸佛相應；亦即諸佛所共宣說。能受持此真言，必蒙諸佛隨喜。是故侵毀受持之法師，等同謗佛。

護世毗沙門天王亦白佛言：世尊，我為愍念衆生擁護此法師故，亦說陀羅尼；即說真言曰：

阿嚟一 捺嚟二 㝹捺嚟三 阿曩孋四 曩賦矩曩膩五 娑嚩訶六

毗沙門，義為多聞，四王天中主北方者；職任對人世除患增福。以恆護如來道場而聞法，故名多聞天。在金剛法界言之，此天乃「萬德莊嚴」法性之外迹；即依成所作智示現毗沙門身，助成人天福德者也。受持法華之法師，允宜特別擁護，轉利其他衆生得福；故曰「愍念衆生」此天陀羅尼，乃準羯磨妙用而構成真言為諸佛所共證者。

真言六句，密指「萬象繁興，卻無煩擾；無量諸作，皆圓成就。」行者能與之相應，世間福德可以開顯無礙。

世尊，我以陀羅尼擁護法師及諸持經者，百由旬內令無衰患。

無福曰衰有擾曰患。真言寓有密義；持誦之者自得擁護之力，而起除擾獲福之利。此天王更現色身爲作護法，能令行者所住，百由旬內身心安樂也。

會中持國天王率領千萬億那由他乾闥婆等，前詣佛所合掌白言：世尊，我亦以陀羅尼擁護持經法師；卽說真言曰：

阿誐抳誐抳嬌哩一 彥陀哩二 贊拏哩三 麼鐙倪四 卜羯斯五 僧渠黎物嚕沙哩六 娑縛訶七

持國天王乃四王天中主東方者；職任護持人世國土；對修行人則負責保護道場。乾闥婆，或譯犍達縛，義爲香神，善彈琴；隸屬持國天作護法。在金剛界言之此天乃「大威德生」法性之外迹；仗「佛慈護印」令道場如金剛城，不被諸魔擾動者也。其陀羅尼亦與諸佛相應者。

真言七句，密指「率領種種尋香，暴惡，屠種，無數大衆，恐怖諸魔；肅清伽藍；得圓成就。」行者須心契其意乃得。

世尊，是陀羅尼，四十二億諸佛所說；若有侵毀法師者，卽是侵毀諸佛。

十住，十行，十向，十地及等覺，妙覺，共四十二位。約一乘教，位位互相融攝；各有其特性；皆可爲曼荼羅中尊；其眷屬各以億計。對于「佛慈護印」在所必具，故曰是陀羅尼乃四十二億諸佛所說。持經法師能持之，卽與諸佛相應；毀之者無異毀佛也。

爾時有十羅刹女：一名藍婆，二名毗藍婆，三名曲齒，四名華齒，五名黑齒，六名多髮，七名無厭足，八名持瓔珞，九名皐諦，十名奪一切衆生精氣。各率眷屬，俱詣佛所，同聲白佛言：世尊，我等亦欲擁護持經法師，除其衰患；有伺求法師短者，令不得便。卽說真言曰：

壹底銘壹底銘壹底銘壹底銘壹底銘 一 頞銘頞銘頞銘頞銘頞銘 二 嚕係嚕係嚕係嚕係嚕係嚕係 三 薩跢係薩跢係薩跢係薩跢係薩跢係 四 娑嚩訶

羅刹女相迹，以色身縛人之精神，吮人之血肉。若約法身所含特性，原是男女關係中之一種理趣。衆生爲情執所迷，流于淫欲，自賊其身，遂感羅刹爲害耳。本經所舉十羅刹女，乃佛菩薩「定門」化現，爲法界最上妙理所寓；非顯教之所詳。今先將十女略義列下：

(1)藍婆　義爲結縛，能緊縛衆生而殺害之；乃有形之鬼，以色相迷人者。若入佛，則轉爲縛煩惱賊。

(2)毗藍婆　義爲極結縛，實卽無形結縛；乃無相鬼暗中陷人，或于夢中見之。若入佛，則遠離微細煩惱賊。

(3)曲齒　上下齒牙曲，積垢甚多；此況採補之流。若入佛，則積法財轉施于人。

(4)華齒　齒牙鮮明，足以動人；每以利口誘惑衆生。若入佛，則玲牙利齒而說法。

(5)黑齒　是可怖相；乃羅刹之王，統馭所屬行事。若入佛，則潛默運化。

(6)多髮　或譯被髮，亦可怖相；申其髮以縛衆生也。若入佛，則表普攝衆生。

(7)無厭足　能害衆生而無厭足；卽恆常纏縛不厭也。若入佛，則成遊戲而無著。

(8)持瓔珞　能發衆生種種妄念也；如以種種裝飾誘惑之具，擾動衆生之類。若入佛，則開敷一切法性。

(9)皐諦　義爲無定所；行蹤飄忽，來往不知何所也。若入佛，則如如而來，如如而去。

(10)奪一切衆生精氣　能取衆生精神氣質，爲一切羅刹女之本性；此女集其大成，卽羅刹中主。若入佛，則總聚一切功德。

據「法華祕密三摩耶經」前五女乃化身境界，以黑齒爲釋迦如來影現；餘四則上行等四菩薩示迹。後五女乃報身境界，以奪一切衆生精氣爲多寶如來變相；餘四則普賢等四菩薩妙行。

真言五句，密指「於我無我，無染而來，如然而來，圓滿成就。」蓋呼其眷屬共來擁護法師之標語也。

世尊，我等亦當親身擁護持經法師，令得安隱，離諸衰患，消衆毒藥。佛告諸羅刹女言：善哉！善哉！汝等但能擁護「持法華名」者，福不可量；何況擁護具足受持盛供經卷者！

在迷之羅刹女，祇知纏縛對方衆生之精神；從而吮收其血肉，以資潤己身。衆生當被纏縛，未獲互攝之益；惟蒙被殺之害。初心行者，稍一不愼，難以安隱。今有發大心之女，現身擁護，善爲維持；不但密得其益，且更遠離諸害；真修一乘者，庶無女色魔障。佛故重言善哉以讚之。祇持法華經名之人，佛性尚非顯著；一乘不禁入俗，色障或所不免；善女加以擁護，令不著迷，其福已不可量；若對具持盛供之人，得力尤大，其福自然更勝。

說此陀羅尼品時，六萬八千人得無生忍。

本品五陀羅尼，藥王爲主，餘四爲輔。但由藥王加持，已許得無生忍；輔以四種助力，尤完善耳。由六識會入者以萬數；由八識會入者以千數；故曰六萬八千人。

論曰：圓頓一乘，探本于一切種智。此智猶如藥王，無病不治；非若三乘教祇等一類小效之藥也。擔負弘揚責任者，名藥王菩薩；比丘尼授記品中已昌言之。今爲行者實際修習，不可不施以三密之法。身密固重師承；口密不妨播諸文字，逐句參究，意密寓乎其中。真言初段，明一切種智之體也。默寂中諸法平等，種性互融；隨其淨念，起相當用。真言中段，明一切種智之相也。心性中開發光明，流現淨境；萬象交徹，不加分別。真言後段，明一切種智之用也。佛法中分位大衆各呈活動；隨其音響，宣無盡意。然一切種智之行，氣象大雄無畏；非加以勇猛精進，難期圓成；此勇施菩薩所以繼藥王而起也。肉身凡夫逕修佛乘，最忌衰患來臨。多聞天增其福澤，俾免財匱之憂；持國天護其道場，庶無魔擾之苦；二天之發心，誠不可少。至于佛性要旨，慧定等持，不得缺一。慧而無定，莊嚴不彰；定而無慧，活用不作。內觀自心，惺寂裏面原有交融之樂；不待形諸色相。凡夫畸形發展，兩性失其平衡；遂有男女之分。男偏慧門；女偏定門。昧于普賢理趣，塵迹所習，流爲淫欲。外則戕賊肉身壽命；內則割截法身慧命；展轉墮三惡道。約男衆言之，害二命者，豈惟鬼道羅刹女爲虐；實則對一切女身不能捨相會性，禍與羅刹等。行者修習一乘，定中許有境界出現。心淸淨者，法流來潤，佛菩薩瑞相見焉。一涉塵垢，佛菩薩頓變羅刹。如能悔悟，迷惑頓除；羅刹復變佛菩薩。秘密三摩耶經謂十羅剎乃二佛八菩薩之幻化；即根據此理而來。執迷不悟，永墮惡道；化女漸轉真羅剎。故賴以啓悟者，貪戀未甚，尚堪接受化女加持力耳。明此，乃可與談最上法門。

第二十五　藥王菩薩本事品

藥王菩薩以法華功德之大，非一味稱歎所能得果；前品特出陀羅尼以加護行者，分體相用三大妙理以發揚之。行者依之修持，決證三昧。此菩薩之威力，從何得來？娑婆世界獲見遊化之迹，其原理安在？是乃法華十六三昧中宿王戲三昧之表示也。（見次品）此三昧之主尊，名宿王華（亦名星宿王）菩薩，爲欲顯明其本德，故向釋尊詢問藥王本事；藉明藥王修成此等威力，曾經過眞實「護摩」妙行焉。

爾時宿王華菩薩白佛言：世尊，藥王菩薩云何遊於娑婆世界？曾歷若干百千萬億那由他難行苦行？願大略解說，令天龍八部人非人等聲聞大衆，及他方諸來菩薩，聞而歡喜。

星宿王乃月光之別名。宿王華者，月輪上顯蓮花之義也。入此三昧，能由一切種智任發一尊性德。藥王菩薩卽所發諸尊之一；宿王華菩薩則能發之母也。所發藥王特性，本屬理法身；而具此類根機之衆生，欲磨練成智法身，勢須經歷若干難行苦行。宿王華雖知此大士之根性；而欲表彰修因之法，故請釋尊對大衆說其本事。

佛告宿王華：過去無量恆河沙劫，有佛出世，號日月淨明德如來，八十億大菩薩，七十二恆河沙大聲聞，以爲弟子；佛壽四萬二千劫，菩薩壽同。彼國無女人；地獄，餓鬼，畜生，阿修羅；亦無諸難。地平如掌，瑠璃所成；種種寶物莊嚴；樹臺相間，去一箭道；一一寶樹，皆有菩薩聲聞趺坐其下；一一寶臺，皆有百億諸天，作諸伎樂歌讚，以供養佛。

日月淨明德示心中日月輪觀皆清淨成就，能顯一切種智之體相用者；本藥王如來之分位。（藥王如來具含日月二德）八十億菩薩，指八大菩薩各領眷屬十億衆也。七十二，或云攝七菩提分及二諦。四萬二千，約十住十行十向十地及等妙二覺。無女人者，例如此方色界諸天。任一衆生皆慧中寓定，自能導引後輩現身其前；無須女人爲孕育之母也。日月淨明德法流盛大；衆生來生其國者，得其加持，本性不昧；自然不墮三惡道；乃至亦無阿修羅之形；以及一切障礙本性之災難也。衆生心地平等清淨；故公共依報，地平如掌，琉璃所成；又因月上開花，故感種種寶物莊嚴；樹臺綿密相間；乃至諸臺皆有天衆作樂歌讚，行其供養焉。

爾時彼佛爲一切衆生喜見菩薩及諸弟子說法華經。是菩薩樂習苦行，於彼佛妙法中精進經行，專求作佛滿萬二千歲已，得現一切色身三昧；心大歡喜。自念：得此三昧，由聞法華之力；今當供養日月淨明德佛及法華經。卽依三昧，于虛空中雨曼陀羅華，及黑旃檀香，如雲而下，以爲供養。

慈無量心攝受一切衆生，此本普賢法門。衆生對此慈心之人，自然莫不喜見。日月淨明德佛上首弟子，名一切衆生喜見菩薩者，以已大發普賢心也。備此資格，宜爲特說法華經；其他弟子功行相近者，亦得與聞焉。然法華貴在眞實受持，卽身成佛；故聞經之後，須痛下苦功精進修之。滿萬二千歲者，十地二覺之境界，各須參究千歲也。現一切色身三昧，卽一切種智三摩地；依之能隨緣示現種種身相也。得此三昧，初屬蓮華部法身；若欲現一一色身于寶部之內，尚須以花香等供養于佛及法，俾得佛之加持力，顯現眞實色法也。

一切衆生喜見菩薩作諸供養已，從三昧起，念言：「我雖以神力供養佛法，究不如以身作供。」卽服諸香及飲華酒，滿千二百歲已，香油塗身，灌衣，於日月淨明德佛前，以神通力願而自燃之，光明遍照八十億恆河沙世界。其中諸佛同聲讚言：善哉！善哉！是眞精進，是名眞法供養如來；非一切物質供養所能比擬；假使以國城妻子布施，亦不能及此法供養，于諸施中最尊最上；是名第一布施。如是燃燒，經千二百歲，其身乃盡。

布施之道，屬虛空藏法門。依一切種智而求平等性智之開展，必須經過此行，以我功德力，如來加持力，法界和合力；運用真實色法，作普通供養，如前段經文所云；固足開顯行者之功德。而自心尚有微細之惑，未能純入金剛心；所依五識身，從而未能應現自在；功德未由圓滿；尚須加以「護摩」勝行，乃能證果。護摩者何？焚燒之義也。粗義以凡火焚燒物質；精義以智火焚燒因緣所生法。（詳品末論文）以身作供，卽焚身以爲供養也。金剛經謂：恆河沙等身布施，不如契會般若妙旨。一切衆生喜見菩薩已到普賢之位，何取乎焚身？是寓精義于粗迹中耳。觀諸佛同聲讚言，是真名「法供養」如來，非一切物質供養所能比擬，可以知之。兩云千二百歲者，十地二覺之功德，內心參究，外迹焚燒，各需百歲而後明淨也。焚燒已盡，無復微細之惑，可與日月淨明德佛合一矣。

是菩薩作法供養已，旋告命終，復生日月淨明德佛國中，於淨德王家，忽然化生，趺坐向父而說偈言：「大王今當知，我經行彼處，卽時得一切現諸身三昧；勤行大精進，捨所愛之身。」

菩薩復言：我先供養日月淨明德佛，得解一切衆生語言陀羅尼；復聞是法華經無量偈；佛尚在世，我今當還供養。卽坐七寶臺，上升虛空，高七多羅樹，往詣佛所，頭面禮足，合十指爪，以偈讚佛曰：「容顏甚奇妙，光明照十方；我適曾供養，今復還親覲。」

一切衆生喜見菩薩前雖由普賢法門得現一切色身三昧，而生身非純處虛空藏中；須經真實護摩換取極淨之身，庶與平等性智徹底相應。以不離日月淨明德如來法流，故仍示身于其國。父名淨德王者，同依此如來法流而能統馭大衆之內秘菩薩也。六句偈，由一切色身三昧而到消融「因緣法」所生之五識身依平等性智而大開妙觀察智，觀任何衆生之音聲，皆能洞悉其用意；是謂得解一切衆生語言陀羅尼；此屬觀自在法門。法華經本含無量無邊偈，一切理趣互相融攝；故必具妙觀察智，乃能全部相應也。己雖更換淨身，本尊猶現前未散；故曰佛尚在世。對佛恆須供養讚歎，故又有上升虛空合指讚佛之事。

爾時日月淨明德佛告一切衆生喜見菩薩言：善男子，我涅槃時到，汝可爲我安設床座。復言：善男子我以阿耨多羅三藐三菩提法，及所屬菩薩，給侍諸天，乃至三千大千七寶世界，囑累于汝；我滅度後，所有舍利，亦由汝流布；應起若干千塔廣設供養。囑累已，於夜後分入于涅槃。是菩薩見佛滅度，悲感之餘，積最上旃檀香而荼毗之；收取舍利，分作八萬四千塔，備極莊嚴。

一切衆生喜見菩薩易身仍見本尊，表示「證菩提」境。及本尊寂滅，乃是「入涅槃」一境。得入此境，可于無爲中轉如來大法輪。而法脈流傳所自，尚有舍利爲記，應供養者。菩薩功行至此，已能契彼所作智之秘矣。此屬虛空庫法門。住此法門，可以荷擔如來阿耨多羅三藐三菩提，起化他力用。本尊所屬菩薩諸天，皆所化對象；乃至依報莊嚴之七寶世界，亦由其繼承統馭也。

是菩薩更一心精進，求作最上供養，冀激勵三乘四衆八部，皆發阿耨多羅三藐三菩提心，爲「現一切色身三昧」基本。即于八萬四千塔前，燃百福莊嚴臂，以供佛舍利；歷七萬二千歲而後臂盡。爾時大衆見其無臂，同聲哀言：菩薩乃教化我等之師，而今燒臂，殘缺其身，可悲孰甚！是菩薩立作誓言：我捨兩臂，必得佛之金身；若實不虛，當還舊觀。誓已兩臂頓復；三千大千世界六種震動；天雨寶華；大衆得未曾有。

一切衆生喜見菩薩歷習普賢等四法門，已證等覺地位；從此仍須圓滿事行，以達金剛後心；故當廣轉一乘法輪，以繼日月淨明德佛之願。能轉此等法輪，非入「捨無量心」不可。真與大捨相應，肉質得操縱自如，能頓毀之，亦能頓復之。釋尊示迹修因時，被歌利王割截身體，乃至以肉代鴿供鷹等，莫不頓復舊觀，皆大捨三昧之行也。此位菩薩，亦復如是。欲鼓勵權機之精進，不得不示以外迹，藉資觀感。約精神，恆與傳法之佛相聯絡；先佛舍利，仍可取爲法流據點而供養之；俾與自身法流互相輝發。約物質，法流顯示淨光；光光之極，肉身隱而不見，衆生共感之身，恍若衹焚；而僅見燃二臂者，權機向枝末注意，所見遂局于四肢之部分耳。還復原者，收其光相，肉體之臂不更被掩抑也。心念牽于時間，恍若燃燒七萬二千歲者，習于七覺支及二諦之數目也。表演逾超凡情，宜乎世界六種震動，大衆得未曾有。

釋尊說是事已，告宿王華菩薩言：「于汝意云何？一切衆生喜見菩薩豈異人乎？今藥王菩薩是也。」其捨身布施之行不可以數計，爲求與法華經真實相應故。

上文所說，乃無量恆河沙劫以前之事。自日月淨明德佛涅槃以來，一切衆生喜見菩薩卽廣轉法輪，未嘗或息；重在捨身布施，無非貫徹四無量心之旨；從普賢等四法門以入法華真實境界也。釋尊說法華時，乃示迹爲藥王菩薩。佛告宿王華先詢「汝意云何」者，欲大衆加意諦聽耳。藥王本事，如是如是。

宿王華，若有發心求證阿耨多羅三藐三菩提者，能燃手指足趾供養佛塔，勝以國城妻子乃至三千大千世界寶物而供養之。所以者何？是人得與法華真實相應故。若復有人以七寶滿三千大千世界供養如來菩薩辟支佛阿羅漢，所得功德不如真實受持法華乃至四句偈，其福尤多；以法華爲經中之王故。

已發一乘大心，而求證無上菩提，此約契悟法華真旨者言之。若未開悟，徒燃手指足趾以供養佛塔，則功德甚微；以未明「護摩」用意也。能與法華相應，而以身作供，方勝國城妻子乃至大千寶物布施功德耳。此等行者，雖祇受持四句偈；以自心爲十方如來法流樞紐，福力不可思議；較諸大千七寶供養四聖，功德自當更勝。

復次，若有人聞是藥王菩薩本事者，得無量無邊功德。女人聞而能受持者，盡是女身，後不復受申言之，如來滅後後五百歲，若有女人聞是經典，真實受持；命終即往極樂世界；于阿彌陀佛及諸大菩薩之前，坐蓮花寶座之上；不復爲貪瞋癡慢嫉諸垢所惱；得菩薩神通，無生法忍；眼根清淨，見七百萬二千億那由他恒河沙等如來，遙共讚言：善哉！善哉！汝能于釋迦牟尼佛法中，受持讀誦思維是經，爲他人說；所得福德無量無邊；火不能燒，水不能漂；汝今已能破諸魔賊，壞生死軍；諸餘怨敵皆悉摧滅；善男子，百千諸佛以神通力共守護汝世間天人無如汝者；汝所成就智慧禪定，除如來外，三乘聖者皆不能及；若有人聞此本事品能隨喜讚善者，所得無量功德，形諸身外，現世口中常出蓮華香；毛孔中常出旃檀香。

藥王菩薩由歷修普賢虛空藏觀自在虛空庫四法門，終受佛囑累，負擔阿耨多羅三藐三菩提，替佛弘化，固入金剛心者也。聞釋尊說其本事者，一方面密受佛力加持，一方面隱向耳根啓發；聽者如專誠接納，心中自起佛種，故獲無量無邊功德；雖祇一念隨喜，亦有相當效力也。女人于佛滅後五百歲，聞此本事品，由隨喜而受持，苟不失精進，來生決入蓮池海會，得清淨身，永不流轉；彼方無女人相，故曰盡是女身，後不復受。若于佛前親聞此品而受持者，更不待論已。現身淨土，自無種種煩惱，爲諸佛所稱讚。諸佛之衆，一一從七覺支二諦等分位淘練而來；火所能燒，水所能漂者，以本得無生法忍，塵勞爲累耳。塵勞已盡，即是破諸魔賊，壞生死軍，無復能相擾者；故曰諸餘怨敵皆悉摧滅。諸佛于稱讚之中，必以神力彌綸其間，故曰共守護汝。智慧禪定，皆由諸佛法流提持，在在與法華相應；故非三乘聖者所能及。若有人聞藥王本事，不惟隨喜，且加讚善，必具相當夙根，衷心所發，現生身口皆流露香氣也。

宿王華，如來以此藥王本事囑累于汝；我滅度後後五百歲，廣宣于閻浮提，無令斷絕；復當以神通力守護是經，不使惡魔等得其便。所以者何？此經爲閻浮提之聖藥，病人得之即瘥；且復不老不死。

藥王願力，在領導學人修持法華。佛囑宿王華，注重宣揚藥王本事；亦復守護全經，爲閻浮提作最上護法；因閻浮提煩惱極多，修習權乘諸經，得益微薄；若得此一乘大法而持之，卽生可得佛慧；譬如幸遇聖藥，能速療一切重病也。不老不死，約法身言。肉身雖新陳代謝，而內顧法身，始終不變。

復次，汝若見有受持是經者，應以青蓮華盛滿末香散供其上；作是念言：此人不久當坐道場，破諸魔軍；吹大法螺，擊大法鼓；度脫一切衆生老病死海。一切求佛道者，見有受持是經之人，皆應如是生恭敬心。

釋尊復令宿王華恭敬持經之人，爲一切學子示範也。持經之人，卽依藥王本事實習普賢等法門者。宿王華爲此類行者之母；以青蓮華盛滿末香而供之，俾益磨練純淨。能入金剛心，便同安坐道場，大破魔軍；不必示現三十二相肉身也。所謂吹大法螺擊大法鼓，皆大轉法輪之事。衆生不知無生之理，以致墮入老病死海之中，度脫之者，應敎以「本不生」旨趣。持經之人當體能現法身，密益學子，實不可思議；故求佛道者，皆當恭敬之。

說是藥王本事品時，八萬四千菩薩得解一切衆生語言陀羅尼。多寶如來於寶塔中讚言：善哉！善哉！宿王華，汝成就不可思議功德，乃能問釋迦牟尼佛如此之事，利益無量衆生。

八萬四千菩薩各從一門入道。聞藥王本事得解一切衆生語言陀羅尼；匯歸宿王華本體，頓起大用也。法華教綱至本品開顯略周；惟多寶如來乃能證明之。特讚宿王華菩薩功德者，正仗此種法性維護是經也。

論曰：實習法華，必經過四法門：一曰發心門，卽開發本有菩提心；令一切種性豁然呈露；而以大慈三昧攝受之。行之精熟，則成普賢菩薩，而為一切衆生之所喜見。二曰修行門，依菩提心而建立普賢身；形諸五識，惑習猶存；以光色化度衆生，尚未隱顯自在；須運金剛智火燬其微惑，是謂護摩。火力所行，衆生見其身被焚燒，物質燬盡，無復沾滯；功德性開展自如，則成虛空藏菩薩，一切種性平等無礙矣。三曰菩提門，平等諸性互相牽涉，理趣無窮；觀察入妙，或總或別，莫不頓了，則成觀自在菩薩。于一切衆生，皆能隨其音響而解其意念焉。四曰涅槃門，功行極能明淨，菩提轉歸寂滅。于無為中隨機緣之來臨，默應以神通力用，使當機各得法益；則成虛空庫菩薩。蓋一切所作，概于無能無所中成辦之也。四行已具，本師如來付囑有在，可以入滅矣。藥王菩薩卽堪受付囑之一人，世世生生，胥以宣揚法華為事，不忘本願也。如許久遠，尚未表示成佛者，非不可能，實由衆生共業未熟，不應以佛身濟度，故多示等流身。其中或已有若干世顯現三十二相莊嚴之身，釋尊無緣談及之耳。此品功德，能利益無量衆生；以將法華敎綱大略剖釋，聽者得知眼目所在也。于此不明，而詡通達法華，不過儱侗境界而已。

第二十六　妙音菩薩來往品

藥王本事依宿王華三昧而起，因地行相也。本品所依三昧，同源異流；乃據一切種智開敷爲妙相，果地淨用也。若示現佛身，則名淨華宿王智如來。由此智播爲言音，慧心內運，如理波動，則曰妙音菩薩。此等音響，純與如來口密相應，威力甚大；波浪所及，瑞相驚人。本無來往而曰來往，循俗諦也。

爾時釋迦牟尼佛放大人相，肉髻光明；及放眉間白毫相光，遍照東方百八萬億那由他恒河沙諸佛世界；過是數已，有世界名一切淨光莊嚴；佛名淨華宿王智如來，爲無量無邊菩薩大衆說法；釋尊相光偏照其國。彼國有一菩薩，名曰妙音，久植衆德，供養親近無量百千萬億諸佛，成就甚深智慧；得妙幢相三昧，法華三昧，淨德三昧，宿王戲三昧，無緣三昧，智印三昧，解一切衆生語言三昧，集一切功德三昧，清淨三昧，神通遊戲三昧，慧炬三昧，莊嚴王三昧，淨光明三昧，淨藏三昧，不共三昧，日旋三昧，及如是等百千萬億恒河沙諸大三昧。

大人相者，法界所生之身相也。身與法界相應則有光明自肉髻出；眉間亦顯白毫相光。照東方諸佛土者，與普賢門諸佛相融也。數以百八萬億那由他恆河沙計者，佛之特性具百八德；一一德各有萬億那由他恆河沙分位；位位均可建立身土。攝此諸化境，有一切淨光莊嚴世界，乃受用國土；淨華宿王智如來主之。一切淨光莊嚴，即一切種智各開發淨光之集體。淨華宿王智如來者，蓮上起月，佛坐其間；大悲胎藏界流現之受用身也。聽法大衆皆稱菩薩，一乘大道應有之義也。盡得其道，可以成佛，而猶示妙音菩薩之形者，為淨華宿王智如來行門代表也。所得三昧無數，可以十六種賅之；略釋要旨如左：

(1)妙幢相三昧　此為諸三昧總綱；一切種性平等呈露，隨願發生妙相，有類如意寶幢。

(2)法華三昧　依前三昧以法水潤之，一一法性皆開敷如花，或有形或無形。

(3)淨德三昧　前三昧經過內外護摩，一切功德皆純淨無垢。

(4)宿王戲三昧　前三昧鍾成純淨月輪，隨機應化，能現任何色身，若遊戲然。

(5)無緣三昧　一切種性平等呈露，以正智通照全體，無待任何因緣。

(6)智印三昧　依前三昧標舉某點特性而照之，則成相當智印。

言音。

(7)解一切衆生語言三昧　對任何衆生觀照其心念活動狀況，而會其所依之言音。

(8)集一切功德三昧　一切種性各開發其真實功德，而萃集于一身。

(9)清淨三昧　由一切功德蔚爲依正二報，皆遠離塵垢。

(10)神通遊戲三昧　功德具足，得隨衆生種種機感，以神通力歷化之。

(11)慧炬三昧　以妙智獨照一切幽隱之處，所有理趣莫不明了。

(12)莊嚴王三昧　事理觀察透徹，展爲妙相皆極莊嚴，名之爲王，最殊勝故。

(13)淨光明三昧　隨機應現五識之身，遍流光明，皆顯示淨相。

(14)淨藏三昧　清淨阿賴耶應機行事，煩惱卽菩提，入俗無礙。

(15)不共三昧　以一乘佛性加護當機，令與如來法流相接，此爲三乘所無。

(16)日旋三昧　疾轉法輪，如日之旋，大衆沐其威光，與沐日光相類。

以上十六種三昧，初四特重普賢性；次四兼重虛空藏性；又四兼重觀自在性；末四兼重虛空庫性。

時妙音菩薩蒙釋尊光照其身，卽白淨華宿王智佛言：世尊，我當詣娑婆世界，禮覲供養釋迦牟尼如來；及見文殊師利法王子，藥王勇施宿王華上行意莊嚴王藥上諸大菩薩。彼佛告妙音言：娑婆世界高下不平，土石諸山，穢惡充滿；佛菩薩衆身皆卑小；遠非我身六百八十萬由旬，汝身四萬二千由旬之比。汝若前往，更勿以自身第一端正，百千萬福光明殊特，而輕視彼方依正二報，生下劣想。

釋尊加強神力，與東方受用佛土相通；妙音蒙此增上緣，遂分身至娑婆世界而隨喜焉。文殊師利藥王勇施宿王華上行意（略云上行）分見上文諸品；莊嚴王（具云妙莊嚴王）藥上詳下華德品。娑婆世界爲不淨衆生染業構成，宜其高下不平穢惡充滿；應化其閒之佛菩薩，自當俯順羣機，示卑小相。如來受用身，六識八識莫不清淨；座下大菩薩，四十二位皆許融會；故其身量高大殊勝，娑婆較之固下劣不堪。妙音何嘗介介于此？淨華宿王智佛循俗諦而爲言，隱令妙音示適宜身量于釋尊之前爾。

妙音菩薩復白言：我今仰仗如來功德智慧，莊嚴神通，遊戲彼國。于是不起于座而入三昧；以神通力於娑婆耆闍崛山法會化作八萬四千衆寶蓮華，閻浮檀金爲莖，白銀爲葉，金剛爲鬚，甄叔迦寶以爲其臺。爾時文殊師利法王子見衆蓮華而白佛言：世尊，是何因緣先現此瑞？釋尊告言：是妙音菩薩率領八萬四千菩薩眷屬，從東方淨光莊嚴國，欲來此法會禮覲供養。文殊言：世尊，是菩薩種何善根，修何功德，入何三昧，而能有是大神通力？願為說是三昧名字，令我等勤而行之；當來得見是菩薩色相大小，威儀進止；今于未及修習之先，惟願世尊以神力加持我等，獲覲其身。釋尊答言：多寶如來當令汝等見之。

妙音遵教勅謙言：仗如來力現身彼國。不起于座者，在受用土分身他境之通例也。本偕八萬四千眷屬同行化身未現，法流先達娑婆法會遽見如許衆寶蓮花。閻浮檀河所出之金，作赤黃色；借此喻衆寶蓮花之彩也。甄叔迦乃赤色寶，瑠璃屬；花臺如赤瑠璃，故取甄叔迦為喻。會衆覩此瑞相，疑不能解；文殊知其心，故舉以為問；且究是等菩薩依何善根功德三昧而顯此神通。然僅見花臺而不見菩薩形相，因未習其三密耳；釋尊若肯以其三密力隱相加持，必能令會衆與諸菩薩相見；故文殊最後復有此請求。釋尊云多寶如來當令汝等見之者，以多寶實乃淨華宿王智如來分位，隨釋尊鈎召力出現于此；其行門代表妙音菩薩等欲並現身，多寶自能以其三密表彰之也。

爾時多寶如來遙告妙音菩薩言，善男子，來！文殊師利法王子欲見汝身。妙音菩薩承鈎召已，即率眷屬從彼國沒而來此；所經諸國，六種震動；皆雨七寶蓮華；百千天樂自鳴；隨到娑婆耆闍崛山；身真金色，諸相具足，無量百千功德莊嚴；威光熾盛，體力堅固；坐七寶臺，上升虛空去地七多羅樹，眷屬菩薩恭敬圍繞；復下臺禮佛，以價值百千瓔珞奉上釋尊而啓白言：世尊，淨華宿王智佛問訊如來，復問訊多寶如來；世尊，我今欲覲多寶佛身，唯願世尊令我見之。多寶如來承釋尊轉請已，卽現身告妙音菩薩言，善哉！善哉！汝能爲供養釋迦牟尼佛，及聽妙法蓮華經，幷見文殊師利，故來至此。

多寶如來遙告妙音，乃密宗鈎召法常軌。本是不來而來娑婆世界能逕見妙音之身，何須經歷無數國土，且皆震動？此徇當機積習，生如是幻迹而追溯出發點之妙音，亦若入「化身」數，而見其於彼國忽沒焉。所見已屬化身，故問訊語如常例。而娑婆主尊本屬釋迦如來，故祇見釋尊當前。雖釋尊入寶幢三昧，早鈎出多寶之身融爲一體；轉以多寶性，密向一切淨光莊嚴國鈎召；而妙音及同類化衆，皆覺爲釋尊身相所掩；更由釋尊增上加持，始見多寶化身流露，而以金口讚歎也。

爾時華德菩薩白佛言：世尊，是妙音菩薩種何善根，修何功德，有是神力？佛言：過去有佛，名雲雷音王如來；國名現一切世間；劫名喜見。時有一菩薩亦名妙音，於萬二千歲以十萬種伎樂供養之；並奉上八萬四千寶鉢；仗此因緣，最後報生淨華宿王智佛國；卽今之妙音菩薩是。菩薩已曾供養親近無量如來，久植德本，又值恆河沙等百千萬億那由他佛，萃成甚深智慧；故有如是神力。

法種發展後，雖仍屬大空本性；若有開敷花力，則能見其性相交融之致。此位華德菩薩具有敷華之德，深知妙音忽現色相之由；而欲釋尊說其善根功德，俾會衆明其因緣。此問原由文殊提出，而卻注重親見妙音。釋尊密請多寶轉令妙音現身，前問遂被擱置；華德從而續問之。雲雷音王如來，乃天鼓雷音佛之變迹，羯磨門法性也。由作種種羯磨，萬德莊嚴，一切世間無不隨機應現；其所依國土因而名曰「現一切世間」。衆生喜見時，輒現其身；故劫名喜見。伎樂乃羯磨事業之表示。集種種羯磨之德，聚成寶鉢；即雲雷音王之「三昧耶形」。其數八萬四千，統一切分位眷屬言之。經過萬二千歲者，于十地二覺之聖位皆須千歲供養也。是妙音菩薩夙生曾以天鼓雷音佛爲本尊，修羯磨行；乃至無量諸尊法皆曾習過，得種種佛慧，而匯歸一切種智；廣植法華之德；故其神力如是殊勝。

華德、汝但見是菩薩今祇現身于此；其實圓具三十二應妙智，一時能現種種身，爲諸衆生說是法華經；三惡道及衆難處，皆有頓濟能力。于娑婆世界如是；于十方恆河沙世界亦復如是。

三十二應包舉大悲胎藏界曼荼羅全部諸尊言之。尊相無量無邊，姑分三十二類。分類之法，諸經互有出入；各隨機宜說之，不一定也。修習此道之菩薩，若未圓成羯磨門，一時祇能現三十二理身，無形相可見；圓成者乃能現三十二智身，有形相可見也。妙音廣修羯磨法性，圓成法華之德；故克普現衆多色身，爲諸衆生分別說此法華經。其說也，非必全依經文；但隨本地風光切要指示；如對梵天仍談四禪，對帝釋天仍說十善，對自在天仍隨順享樂，但以平心直行，逕與法性相感爲主。其爲國王居士乃至天龍八部，恆若就其身分指出應盡之義務；若心純正不欺，質直逕行，終得心光發明；斯與本性相應，得入法華之門。所謂隨說此經，不外此意。禪宗云「心悟轉法華，」是明斯旨者。三惡道及八難處，如常釋。

華德妙音菩薩成就大神通智慧之力：應以聲聞形得度者，現聲聞形而爲說法；應以辟支佛形得度者，現辟支佛形而爲說法；應以菩薩形得度者，現菩薩形而爲說法；應以佛形得度者，現佛形而爲說法；如是隨所應度者而爲現形；乃至應以滅度得度者，則示現滅度。

〜〜胎曼中釋迦院，有佛，有菩薩，有辟支佛，有聲聞，乃應身如來必具之主屬；各爲當機之本尊修習其三密者，定中得見尊形爲之說法；若由衆生共業感得，散心凡夫亦得見聞之隨所應度而現形，則統攝諸院各尊也。遍知院本尊無形相，惟與涅槃境界相應；樂修滅度者，則以此尊攝之。所謂妙音，以口密爲主；卽「真言陀羅尼」宗之骨髓。成就一切妙音，斯稱大神通智慧之力。

華德復白佛言：是菩薩善根深廣如是，然住何種三昧乃能種種變現度脫衆生？佛言：是三昧名「現一切色身」。說是事時，與妙音俱來八萬四千菩薩，皆得現一切色身三昧。娑婆世界無量菩薩，得此三昧及陀羅尼。

妙音菩薩能統攝胎曼諸尊一一音性，而隨機應現相當之身；善根深廣極矣。然未知住何三昧方能與此相應，華德特作此問，以饒益現世後世當機。佛答卽是「現一切色身三昧」。當時聞此名字，兼仗佛之加持力而得此三昧者，有妙音眷屬八萬四千菩薩，及娑婆世界無量菩薩；是皆久植德本，藉此增上緣而獲其境界者。然亦須經過「護華」淨行，乃能究竟；如藥王菩薩是其一例。若祇會得此三昧法理，而無羯磨功夫，則須以陀羅尼磨練之。

爾時妙音菩薩供養釋迦如來多寶如來已，還歸本土；所經諸國，六種震動；雨寶蓮華；

作百千萬億種種伎樂。到本國已，率八萬四千菩薩至淨華宿王智佛所，白言：世尊，我到娑婆世界饒益衆生禮覲供養寶塔中二如來及見文殊師利法王子，藥王等諸大菩薩；亦令同行八萬四千衆得現一切色身三昧。

妙音法緣告畢，多寶如來隱用「撥遣印」送往本土；實則不往而往。已不離俗見，中途不無諸國遞現之迹，法流威猛，皆覺地動；以及雨寶蓮花，作諸伎樂。時妙音在本國從三昧起，對受用佛自述一番羯磨事業。經此熏習，八萬四千衆依理成智，得現一切色身三昧焉。

說是妙音菩薩來往品時，四萬二千天子得無生法忍；華德菩薩得法華三昧。

華德菩薩雖具開敷花德，而於羯磨門修習種種本尊之事，尚未周詳；得此品開示，庶入法華三昧。此三昧本妙音根本依華德接其法流，遂與法華妙理相應也。

論曰：大悲胎藏法界生曼荼羅，略云胎曼。毗盧遮那如來入法界三昧，以大悲心普緣衆生，將一切種性各開爲本尊，圓攝無量當機之特殊組織也。約法性，一念頓具，不落空間。約法相，諸尊齊現，不相妨礙。曼荼羅或譯爲道場，或譯爲圓壇，卽圓具無缺之義；內分多院，以中臺院爲法性總綱：五佛四菩薩分表五智四行；主佛曰毗盧遮那，義爲遍照；分位乃有東南西北四如來。東方發心門，在啓發當機本具佛性。佛性一顯，雄猛無倫，名「大威德生」印；任何佛種，皆於中現，有若寶幢；依此印建立自性身，則名寶幢佛。南方修行門，在開敷當機本具寶性。寶性巳耀，垢染不行，名「金剛不壞」印；渾略功德，盡量剖析，如花之敷；依此印建立福德身，則名開敷花王佛。西方菩提門，在明證當機本具理性。理性洞達，左右逢源，名「蓮花藏」印；循理立相，辯說無礙，慧命不朽；依此印建立智慧身，則名無量壽佛。北方涅槃門，在隱播當機本具作性。作性活潑，廣施善業，名「萬德莊嚴」印；靈變不測，驚蟄潤枯，用等雲雷；依此印建立應化身，則名天鼓雷音佛。此四如來，皆毗盧法身之要智；依四行以施設佛事，又建立四菩薩身焉。法華一經，五智四行，無所不具；而以「蓮花藏」印爲宗，「大威德生」印爲根本依。所依寶幢如來，現「他受用身」，則爲東方淨華宿王智佛。蓮花藏行門特性，在西方原爲觀音菩薩；在東方則稱妙音菩薩。妙音巳隷屬大威德生，宜乎來往威力偉大，與大勢至菩薩相映也。

第二十七　觀音菩薩普門品

妙音與觀音同體異用。約一切種智，藉言音以表任何種子活動之狀態，是名妙音。約妙觀察智，從聲音以辨任何衆生心念之情況，是名觀音。觀音詳云觀世音，在娑婆普門濟度衆生；此爲大衆共見共聞之事；然其源流多未明了。無盡意菩薩于審知妙音圓具三十二應之後，特連及觀音問題，請佛詳答焉。

爾時無盡意菩薩卽從座起，合掌白佛：世尊，觀世音菩薩以何因緣得名？佛言：世間苦惱衆生，持是菩薩名號；菩薩觀其音聲，悉予救度，故名觀世音。

具妙音三十二應之德，迴入娑婆普度衆生；觀察塵世言音之條理，而應以相當救濟；是爲觀音特性。法華會上，四衆八部不了此義；無量意念所結集成一種法性；感動一位無盡意菩薩從座而起，代請釋尊解說。妙音菩薩之顯三十二應，乃隨類示現本尊之形，以說法華；但期導入一乘，不在對治衆生苦惱。觀音菩薩妙用，則以拯救衆生苦惱爲主；衆生當苦惱時，形諸音聲，愁慘情況，卽隨聲淚俱現；菩薩觀其中情況，卽應以相當法輪；衆生得其法流，運入心中，苦惱遂被衝散；此卽觀音菩薩應世因緣。必令持觀音名號者，專其皈嚮故。

善男子，凡一心稱觀世音菩薩名者，火不能燒；水不能漂；羅刹不能惱害；盜賊不能劫掠；刀杖不能殘殺；械鎖不能檢繫；是菩薩威神之力，巍巍如是。其有衆生婬怒癡熾盛者，常能虔念此菩薩名號三毒皆可消除。

一心虔念觀音菩薩，則觀音法流通過其間，隱相加持；煩惱諸相伏匿不現以故身心諸患皆能解免。火不能燒乃至械鎖不能檢繫，免身患也。婬怒癡三毒皆可消除，免心患也。此等功效因果等書每多紀載，並非奇特。但散心泛念，則觀音法流過而不留；雖勝于無念，收效殊少。

無盡意，是菩薩威神，復多所饒益；凡恭敬禮拜誠懇供養而受持名號者，福不唐捐。婦人欲求男者，便生福德智慧之男；欲求女者，便生容儀端正之女。

上文虔念觀音，已有免患之效；若更加以恭敬禮拜誠懇供養，並能得福。因菩提門之觀音先已經歷發心修行二門，故能隨緣吸收衆生流露福德，以應所需。然必誠敬禮拜供養乃起感應；否則法流不相接焉。唐捐者，虛棄之義。福不唐捐，謂必獲其福也。所求之福，本包括富貴妻子等一切悅意之事；今唯舉婦人求子爲例耳。

復次，受持觀世音菩薩名號，得無量無邊福德之利。雖一時禮拜供養，與持六十二億恆河沙菩薩名號，且畢生四事供養者，功德相等，歷百千萬億劫，其福無盡。

六十二億恆河沙菩薩，卽對治六十二見，及所屬無數煩惱之一一修持者。供養此等菩薩，卽欲盡得其中所有功德。然必須盡形壽以四事供養，所謂飲食衣服臥具藥物，恆供其所需，勿令缺乏；此爲三乘教之漸法，必經歷無量劫然後圓成。觀音菩薩固盡攝其所有，對于至心禮拜供養稱其名號者，報以全部法流，卽與供六十二億恆河沙分位菩薩無異；故曰功德相等。雖祇一時禮拜供養，已能頓植此等功德于心，如金剛屑永不消滅；故曰歷百千萬億劫其福無盡。

無盡意白佛言：世尊，觀世音菩薩云何遊此娑婆世界？云何方便現身說法，度生？佛言：是菩薩以施無畏心遊于娑婆，拯救衆生于怖畏急難之中，隨衆生機宜，示現種種身，爲說適宜之法；或現佛身，或現辟支佛身，或現阿羅漢身，或現梵王身，或現帝釋身，或現自在天身，或現大自在天身，或現天大將軍身，或現毗沙門天身，或現小王身，或現長者身，或現居士身，或現宰官身，或現婆羅門身，或現比丘身，或現比丘尼身，或現優婆塞身，或現優婆夷身，或現婦女身，或現童男身，或現童女身，或現諸天身，或現龍身，或現夜叉身，或現乾闥婆身，或現阿修羅身，或現迦樓羅身，或現緊那羅身，或現摩睺羅伽身，或現人身，或現非人身，或現執金剛神身于娑婆如是；于其餘國土亦復如是；功德巍巍，汝等應當一心供養之。

上文祇談持念觀音名號之利益；但觀音以何種心印遊此娑婆世界，及現何種身相說何種教法，釋尊皆未明言；故無盡意復舉以爲問。「施無畏」印，爲如來身密之一，觀音四十臂中具此一手；作此密印，能令怖畏急難之衆生得蒙解救也。方便現身，略說三十二應；廣說形相無數；所說度生之法，恆與身相相當。此中所謂三十二應，與楞嚴經開合稍異，皆取大概而言。開首三身，約三乘之極果；以佛身弘菩薩乘，以辟支佛身弘緣覺乘，以阿羅漢身弘聲聞乘。有求脫離欲界者，現梵王身爲說清淨法。有求上生忉利者，現帝釋身爲說十善法。有求極端快樂者，現自在天身爲說化樂享受法。有求四禪究竟者，現大自在天身爲說捨樂清淨法。有求擁護衆生者，現天大將軍身爲說控制鬼神法。有求造福世間者，現毗沙門天身爲說利濟羣衆法。有求保守國家者，現小王身爲說治世安民法。有求見重鄉黨者、現長者身爲說仗義疏財法。有求通達義理者，現居士身爲說力學致思法。有求裨益治下者，現宰官身爲說興利除弊法。有求立異鳴高者，現婆羅門身爲說調攝身心法。有求解脫煩惱者，現比丘或比丘尼身爲說三乘權教法。有求隨喜解脫者，現優婆塞身或優婆夷身爲說近侍僧衆法。有求隆盛家庭者，現婦女身爲說賢妻良母法。有求獨身自潔者，現童男身或童女身爲說天眞淨樂法。其他天龍八部人非人等各有一節之長者，則分別示現同類之身，鼓勵其應行之善。乃若執金剛神，屬密宗外金剛部護法大衆有欲修其法者，則示作其神身以攝之。娑婆衆生所見種種引入正道之師，或觀音菩薩直接化身；或其他菩薩同類應現。地前諸師，亦有模倣其一德而行之；然未能自在也。他方國土所見略同。觀音具此施無畏手，允宜一心供養。

無盡意言：世尊，我今當供養觀世音菩薩。即解頸上衆寶瓔珞，價值百千兩金，而作是言：唯願仁者受此法施應得之寶。觀世音固辭。無盡意復以爲請。佛告觀世音言：當納無盡意及四衆八部人非人等之誠，受是瓔珞。觀世音菩薩爲令生福慧故，受其瓔珞；分作二分，一奉釋迦如來；一奉多寶如來。

無盡意聞應供養之說，即脫瓔珞奉獻觀音，以表誠敬。觀音以當時未嘗說法，不應無故受供；遂不肯受。然無盡意乃代表四衆八部及人非人等之總意念而問觀音本迹；既聞佛說，即獲得施無畏種性；應以供養物培植之；觀音若不接受則失培植之道；故復以爲請。佛即順此理，勸觀音接納。觀音受而分奉二佛；更使大衆多結二重勝緣也。

爾時持地菩薩起座白佛言：世尊若有衆生聞是觀世音菩薩自在之業，普門示現神通力者；當知是人功德不少。

持地菩薩爲胎曼地藏院中之一尊；地藏所含功德，全與一切種智相應；仗觀音力，隨緣開發；此位菩薩深悉其事，故讚歎之。

佛說是普門品時，會中八萬四千衆生，皆發阿耨多羅三藐三菩提心。

會得普門示現之旨，卽與「正遍知」相應；雖僅一念淨信，卽是已發阿耨多羅三藐三菩提心。八萬四千煩惱門均可入道，故曰會中八萬四千衆生。

論曰：一乘大教，慈心內發，悲心外施；但使佛性密運不息，無論現何身相，當體卽是法身佛。所化之機，就其一節之善，隱以神力加持之，令與如來法流相通；受者初雖不覺，積之也厚，能破無明，則心光顯焉；斯入等流法身之門矣。所謂立地成佛者指此。三乘之徒，以爲得覲如來三十二相之應身，方稱見佛，固屬凡情；或以爲非出家必不能成佛，其惑尤甚。大般若經云：「一切世出世法，皆所當學，助成一切種智故；然二乘獨不可學，失卻慈悲心，無以發起一乘佛性耳。」出家不知菩提心爲何事，祇以僧尼身分自驕，正如來之所呵。觀音三十二應，仍說聲聞緣覺之法，其意何居？姑就根性之所近，教令先除垢穢；卻以一乘法流密運其間；俟機緣成熟，再引入一乘云爾。其餘在家衆生，所謂一善之長初非與慈悲心相副者，皆不妨藉此類手眼作引入方便也。「能化」之人，不能運用法流，勉學隨機說法；所說縱符正理，不脫權教範圍。達摩來弘一乘禪，六祖遙得其髓；于觀音三十二應本旨，庶幾融化。寶誌對梁武帝云：達摩是觀音化身，非無故也。但達摩諸祖雖隨緣示比丘身，殊不說比丘法，而逕提倡見性之道。蓋借比丘相引誘三乘人之來皈而已。

第二十八　華德菩薩因緣品

來往品妙音菩薩功德，由華德啓問釋尊而後詳；華德從而得法華三昧。釋尊方欲說其因緣，中間忽被無盡意一問；遂先插普門一品。今乃遙承來往品而續說之。

爾時佛告大衆言：過去無量無邊不可思議阿僧祇劫，有國名光明莊嚴；佛名雲雷音宿王華智如來；劫名喜見。其國有王，名妙莊嚴，夫人名淨德，生二子：長名淨藏，次名淨眼。二子夙根甚深，具大神力，廣植菩薩福慧；七種波羅蜜，四種無量心，三十七助道法，皆明了通達；又得菩薩淨三昧，日星宿三昧，淨光三昧，淨色三昧，淨照明三昧，長莊嚴三昧，大威德藏三昧。

此品乃由釋尊直說，非因當機請問而然；藉此廣明藥王菩薩等之行願也。雲雷音宿王華智如來，即宿王華菩薩之本尊果德，入「萬德莊嚴」三摩地，現應化身于世間者，故其國土直名光明莊嚴。世間人主從而名妙莊嚴王，夫人二子皆不離淨字，隱示大士化迹也。檀，戒，忍，進，禪，慧，方便，七種波羅蜜，爲大士入俗應化之基本依。四種無量心，即慈悲喜捨，乃一乘之門戶。三十七助道法，是四念處，四正勤，四如意足，五根，五力，七菩提分，八聖道分之總名；詳小乘教典此在小乘爲正道，在大乘爲助道也。菩薩淨三昧，表菩薩通德。日星宿，指三光而言；以月亦入星宿之列，名星宿王故。是與淨光，淨色，照明，莊嚴，四種，皆寶部三昧之一；同屬文殊本德，爲應世所必需。大威德乃文殊忿怒相之特稱；入此三昧，即現明王身以除寶部一切障礙；即藉此斷除修行門諸障也。

時雲雷音宿王華智如來欲引導妙莊嚴王及愍念衆生故，說是法華經。淨藏淨眼二子即告母言：我等願隨母往詣佛所禮覲供養。所以者何？此佛于一切天人衆中說法華經，事甚希有，宜應聽受。母言：汝父信受外道，深著婆羅門法，應勸彼俱去。二子言：我等是法王子，而生于邪見家！母令爲現神變，以淨彼心。

雲雷音宿王華智佛觀妙莊嚴王雖暫溺邪見，卻可引入一乘；兼有一部分在迷衆生，亦堪與聞法華；故特宣說此經。二子獨請母者，知母亦垂迹菩薩也。母子三人本爲化度妙莊嚴王而來，特由母發起，引父改邪歸正；邪見之人多重神異，故復令二子先以神變服其心。法王子者，能運用一乘法流，堪爲佛之子也。

于是二子涌在虛空，高七多羅樹，現種種神變；或身上出水，身下出火；或身下出水，身上出火；或現大身滿虛空中，而復現小，小復現大；或忽然在地，入地如水，履水如地。父見二子神力如是，心大歡喜，合掌問言：誰是汝等之師？二子言：彼雲雷音宿王華智佛，今坐七寶菩提樹下，爲一切世間天人廣說法華經者，是我等師也。父言：我今欲見汝等之師，可共俱往。二子卽從空下，往告母言：父王對我等所作佛事，已生信解，堪發無上道心；願母聽我等出家以爲之倡。母許之。二子遂請父母同詣佛所，親近供養。

母令二子現神變，無非欲誘起妙莊嚴王發問耳。此中神變，乃漏盡通之表示。約小乘，必阿羅漢；約大乘，須登十地。二子自言是法王子，其位列十地可知。但以其父根機，非借逕沙門不可；故向母請求出家以爲之倡。得母同意，乃于父前請願也。

二子之中，淨眼久已通達法華三昧；淨藏則于無量百千萬億劫前得離諸惡趣三昧；轉度一切衆生。淨德夫人更得「諸佛集」三昧，能知諸佛祕密之藏。而妙莊嚴王後宮眷屬八萬四千人，皆具善根，堪任受是法華經者。

淨眼固通達法華；淨藏復得大用；欲令衆生皆離諸惡趣，故化度不息。淨德之諸佛集三昧，卽與金剛波羅蜜相應之菩薩道。擅此道之菩薩，原握密宗樞紐；明此乃能洞知諸佛秘藏。三人皆垂迹大士，協力化度妙莊嚴王；機感所及，吸引善根深厚者八萬四千人，參預後宮眷屬之列。

彼時妙莊嚴王與羣臣眷屬俱；淨德夫人與後宮采女俱；二子與四萬二千人俱；共詣佛所，頭面禮足，繞佛三匝，卻住一面。彼佛爲王說法示教利喜。王大歡悅，與夫人各解頸上真珠瓔珞，價值百千，以散佛上；於虛空中化成四柱寶臺；臺中有大寶牀，敷百千萬天衣；其上有佛，結跏趺坐，放大光明。爾時妙莊嚴王心念：佛身希有，端嚴殊特，成就第一微妙之色！

示者，示以法華真旨。教者，教以一乘正道。利者，利以頓修秘法。喜者，喜以所感瑞相。（已見第入品）王當時得大歡悅，卽由示教利喜而來。然不加以供養，此等功德雖已萌動于心，尚未開展。與夫人各解頸上瓔珞者，或夫人先爲示範也。瓔珞以真珠串成，價值百千，卽百千兩金代價之略詞。真誠供養故，遂感動本尊淨華宿王智佛現身寶牀之上；放大光明。然屬外迹應身，與多寶如來同類。

時雲雷音宿王華智如來告四衆言：是妙莊嚴王合掌立我前者，能於我法中作比丘，精勤修習助佛道法；後當作佛，號娑羅樹王；國名大光；劫名大高王。其國平正，有無量菩薩聲聞衆以爲眷屬。王聞言，卽以王位付弟，而與夫人二子及諸眷屬，出家修道。

雲雷音佛觀妙莊嚴王根機，雖一時蒙加持力頓見本尊；然積習濃厚，非借逕三乘助道法（卽三十七助道品）未能成就。但欲兼習三乘，須作比丘；故對衆宣說之。果能如是，當來必

成娑羅樹王佛云。娑羅具云娑連捺囉，義爲堅固，此樹冬夏不凋，故取以爲喻。意謂堅守道法，將來法流大通，可于南方成佛，國名大光也。妙莊嚴王蒙佛教敕，遂出家以求悉地。義爲成就妻子眷屬欲堅其志願，亦皆出家以鼓舞之。

王出家已，常勤精進，修行妙法華經；閱八萬四千歲，得一切淨功德莊嚴三昧，即昇虛空，高七多羅樹，白雲雷音宿王華智佛言：世尊，我因二子神通變化，轉我邪心，令我安住于佛法中；此二子爲欲發起宿世善根，饒益我故，來生我家；是我善知識。彼佛答言：如是如是，善男子善女人夙植善根者，世世得遇善知識，善知識爲作佛事，示教利喜，令入阿耨多羅三藐三菩提。當知善知識，是大因緣，能導令見佛，發無上道心；汝之二子已曾供養「六十五」百千萬億那由他恆河沙如來，親近恭敬；於諸如來所受持法華經；愍念邪見衆生，令住正見。

王之出家，非以三乘了事，借此爲修法華之助行而已。經八萬四千歲之精進力，先成就一切淨功德莊嚴三昧；昇空白佛，而歸功于善知識之引誘。善知識本依觀音二十二應之志，隨緣現身；有化生，有胎生。淨藏淨眼皆示迹入胎爲王之子，非如是不足以促王注意耳。然亦須夙具善根，乃能感格善知識之接引；無其根者，雖善知識現前，終不知親近也。六十五者，約世間六十二見及三種權乘之數。一一由相會性，匯歸一乘，便與華相應。若依外迹修習此六十五對治法，須各供養那由他恆河沙如來，然後精熟；轉而普度衆生。度生宗旨在愍念大衆墮于六十二見，或滯于三乘教法于大權方便中，隱以如來法流加持之，令住一乘正見也。

妙莊嚴王從虛空下，復白彼佛言：世尊，如來甚希有；以功德智慧故，頂上肉髻顯耀光明，眉間白毫猶如珂月，紺目長廣，皓齒齊密，朱脣燦美。繼言：如來之法，具足成就不可思議微妙功德，教戒所行，安隱快善；我從今日不復自隨心行，不生邪見憍慢瞋恚諸惡念。說是語已，禮佛而出。

王之種種讚歎，表示極端歡喜；卽此喜心，所獲功德已不可思議矣。不復自隨心行者，隨聖智行，不隨衆生識心行也。如是乃免諸煩惱心念之擾亂。

釋尊說是事已，告大衆言：妙莊嚴王豈異人乎？今華德菩薩是也。淨德者，現在我前光照莊嚴相菩薩；爲哀愍妙莊嚴王及諸眷屬，示作王夫人。二子卽會中藥王藥上二菩薩。此二菩薩于無量百千萬億諸佛所，植衆德本，成就不可思議諸善功德。若有識其名字者，一切世間天人應禮拜之。

釋尊廣說妙莊嚴王故事已，乃指出今生華德菩薩卽其後身。當時王之福德，相當深厚爲邪見所縛故，雖依正莊嚴卻不能清淨；雲雷音佛權實兼施，令出家長期修習；仗法華潛力，得成一切淨功德莊嚴三昧，而于法華性德，猶未成就；但已植此勝因，今生終藉妙音菩薩示現之緣，而證法華三昧；是爲本品命名之由。光照莊嚴相菩薩爾日示作淨德夫人者，悲愍心所行，藉「諸佛集三昧」之力，以法流熏習王身，俾漸衝破一切邪見也。藥王、藥上者，超出凡藥之上，能醫衆病，與藥王堪稱伯仲也。

佛說是因緣品時，八萬四千人遠離塵垢，於諸法中得法眼淨。

八萬四千種塵勞，皆足障道，然聞華德入佛因緣，兼蒙釋尊親自加持，任纏何種塵勞，皆可離垢得淨。所謂八萬四千人，乃約種類言之；非限于此數目也。法眼淨者，明見諸法之真諦也。小乘法眼淨，屬淺義；見四諦真理，證須陀洹者，卽得之。大乘法眼淨，屬深義；契真無生法而登菩薩地者，始得之。若論一乘，須的見佛性，乃克稱之；是爲「見諦」最深之義。

論曰：一乘教以頓修成就爲上，龍女是其榜樣。亦有須漸修，如妙莊嚴王者，故三乘教未可偏廢。今於法華將終，示此漸修之機；藉見一乘無所不攝耳。觀音三十二應，有常義，有特義。現婦身以說婦道，現子身以說子道，其常義也。藉婦身以化其夫，藉子身以化其父，則特義也。前者利用同類之身，課以德行；後者利用相關之身，聯以感情；要皆密運一乘法流，冀收潛移默化之效。然無加持神力，所課德行，不過小善；所聯感情，反增溺愛。三淨（淨德淨藏淨眼）皆取特義以度妙莊嚴王，終于成功；正賴加持神力運用其間。是真善知識。是得觀自在三昧者。

第二十九　普賢菩薩勸發品

藥王菩薩固以護持法華爲本願，累施功德；然行人若未能開展普賢心，成效亦寡。普賢菩薩特現身勸發，更出陀羅尼以加持之；俾植一乘大本焉。

普賢菩薩威德名聞，以自在神通力，率領無量無邊大菩薩天龍八部人非人等從東方來；所經諸國，普皆震動；雨寶蓮華，作無量百千萬億種伎樂；到娑婆世界耆闍崛山，已禮遶釋迦牟尼佛，白言世尊，我于寶威德上王佛國遙聞此土說法華經，率衆前來聽受。所欲問者，善男子善女人于如來滅後、云何能得是經？

普賢菩薩爲普攝一切衆生隱趣佛道之大士；其威德詳華嚴經中，凡修一乘者莫不聞其大名。釋尊宣說法華，在座親聞者自能接受法流，永成道種。釋尊滅後，徒然讀誦其經，未必有效。普賢菩薩知其要領所在，而欲釋尊金口親宣；故特現身佛前，以重其事。本是無相法身；加持力故，會衆遂見化身。循俗諦習慣，覺其自東方化土而來；因普賢乃東方寶幢佛行門魁首也。寶幢佛密印，原名「大威德生」；故應身有寶威德上王佛之名。隨從有無量無邊大菩薩等，乃至所經諸國普皆震動者，威德自在神通使然也。說經垂終，方來聽受究何所聞？若明「無邊偈語一念頓說」之理，則知甫到耆闍崛山之頃，卽無所不聞。更窮究之，普賢法身恆常與法華全部相應；豈待現身佛前而後能聞！必謂前來聽受，隨俗而說耳。得法華者，非獲得經書之謂，乃與一乘法流相應之義。

佛告普賢菩薩：欲與法華經相應，須具四法：一者得佛護念；二者植衆德本；三者入正定聚；四者發大悲心；善男子善女人，若能成就如是四法，於如來滅後必得是經。

釋尊因普賢之問，遂楷定四種道行，爲得法華之條件。其一得佛護念，卽蒙諸佛加持。如何方得此道？則須入壇灌頂，以三密開通諸佛法流而把握之。若夙生已熟習諸佛三密法門；今生雖不再灌頂，亦恆蒙諸佛護念也。其二植衆德本，卽修普賢心。諸佛原皆萬德莊嚴；菩薩上求佛道，衆德無不當習；卻以普賢性德爲根本。根本未植，無由發展大菩提心故。其三入正定聚，卽法界三昧。小乘以見道後爲正定；權大乘以破顛倒爲正定；實大乘以十住後爲正定；其在一乘，必須融歸法界乃稱正定。聚者，彙集之義；爲揀別不定邪定二聚，名正定聚。其四發大悲心，卽救一切衆生之心。依上文三條件，雖獲得法界妙體；若非運行不息，尚失法界妙用；不足以稱真正菩提心。恆起大悲，救度一切；庶乎體用齊彰。佛云：成就如是四法，於如來滅後必得是經。反言之，若與此四法不相應，必不能獲得法華實益，後人徒然講解讀誦，于加持等義未嘗或知；對于法華，終在門外。

普賢聞已，復白佛言：世尊，如來滅後五百歲濁惡世中，有能如法得是法華經而受持者，我當恆常守護，除其衰患，令得安隱；一切魔類及諸惡鬼，皆不能伺求其便而惱亂之。是人若行若立，讀誦此經；我當乘六牙白象王，率大菩薩衆俱詣其所，現身供養守護，安慰其心；亦爲供養法華故。是人若坐而思維經義，我亦乘象王現前。其人若于經文有所忘失；我當與共讀誦，還令通利。

普賢聞釋尊所說四條件，皆己所專長；自應有守護行人之責。因行人能依如是四法而受持法華者，當未成功之前，或不免魔鬼惱亂；不得安隱修習。然若精進不懈，自能密感普賢菩薩以金剛劍驅除諸障，免罹衰患也。六牙，表無漏六通。約清淨曰白；約安和曰象。行者若與普賢心相應，當感一段潔白安和之境，爲六神通本現諸色相，則見菩薩乘六牙白象矣。定中偶擾，經文不無忘失之處；得菩薩加護，復歸澄靜，所忘遂亦復原；形諸色相，如見菩薩與共讀誦，引令通利焉。

爾時受持讀誦法華經者，得見我身，甚大歡喜，轉復精進；以見我故，卽得三昧，及陀羅尼，旋陀羅尼，百千萬億旋陀羅尼，法音方便陀羅尼。

旋陀羅尼者，字字互攝，宣說無盡義；例如準提九字真言，任一字義能攝其他八字，旋轉無礙也。百千萬億旋陀羅尼者，由一陀羅尼得轉入他陀羅尼，旋轉不窮；如由普賢得轉入藥王，由藥王得轉入妙音，由妙音得轉入觀音等等。法音方便陀羅尼者，隨衆生音訊，施以相當法輪也。

世尊，後五百歲濁惡世中，四衆欲修習是法華經，求索受持讀誦書寫，應一心精進；滿三七日已，我當乘六牙白象，率無量菩薩，以一切衆生所喜見身，現其人前，而爲說法示教利喜；亦授與陀羅尼。得是陀羅尼故，無有非人能破壞之；無有女人能惑亂之；我身亦常自護是人。

世尊滅後，正法時期，有善知識傳承一乘正法，得法華妙旨，固有其所。正法五百年後，善知識或有或無；但能專心嚮慕，乃至讀誦書寫此經，冀得有效之修習者，于三七日精進求之，必有感應。然精進之中，須專注普賢菩薩特性，庶易發見其相當化身；若親聞說法，乃至授與陀羅尼，法驗尤大矣。得此陀羅尼加持身心，所有非人魔障，女人情障，皆當不行；以普賢恆來擁護故。

世尊，願聽我說此陀羅尼；卽說真言曰：

阿難嚩一　難拏跛底轗帝二　難拏轗帝三　難拏轗怛顊四　難拏俱舍理五　難拏蘇馱哩六　蘇馱哩蘇馱囉跛底七　勃馱跛捨寧八　薩嚩馱囉抳九　阿轗怛顊十　薩嚩婆灑轗多顊十一　素阿轗怛顊十二　僧伽跛哩乞史帝十三　僧伽涅具灑抳十四　薩嚩達磨素跛哩乞史帝十五　阿僧契十六　僧伽跛誐帝十七　底哩過路吠十八　僧伽咄里野鉢囉沒帝十九　薩嚩僧伽二十　三摩底訖嚩帝二一　薩嚩達磨素跛哩乞史帝二二　薩嚩薩怛嚩嚕多二三　憍捨哩也弩誐帝二四　僧訶尾訖哩膩帝二五　阿弩轗帝轗底顊哆哩二六　娑嚩訶二七

真言分二十七句：一二句，密指「于本不生際顯護持性」；三四五句，密指「具諸護持相，無非方便善巧」；六至九句，密指「妙得護持極致，是佛知見所行之陀羅尼總體」；十至十四句，密指「興諸行，播諸語，所行入妙，密察衆音」；十五至二一句，密指「妙觀一切法無央數衆趣三世如一，大衆無所繫縛，全在三昧中活躍」；二二至二六句，密指「復妙觀一切法，隨一切有情音訊，善巧引入無上趣，作師子吼，具備無上救度力」；二七句，密指「圓成就」。此中妙理，可作四段參究：

（1）開法性　即普賢護持性；于本不生中以慈力顯出之；隨方便善巧，示種種護持相。妙極護持，即一切陀羅尼所依；佛知見所行境界也。

(2)修法身　依護持性而修諸行，一一以言音誌之。于妙行中密察衆音理致，而融歸於大空。

(3)證法界　自心居法界主位；諸餘分位種子，重重圍繞，形成無央數衆趣，皆常住不變，無所繫縛，唯于三昧中隨緣活躍。

(4)轉法輪　隨一切有情音訊，密運法流，以相當言行引入無上趣。威力如師子吼，是救度中之至上者。

世尊，若有菩薩聞是陀羅尼者，當知是普賢神通之力。若法華經行于閻浮提，有能受持者，應念普賢威神所賜。若受持讀誦，得正憶念，解其義趣，如說實行；是人則名行普賢行，曾于無量無邊佛所深種善根，爲諸如來手摩其頭。若但書寫，命終猶得往生忉利天上，八萬四千天女作衆伎樂而歡迎之；其人卽變天身，御七寶冠，于采女中快樂自娛。其受持讀誦兼解義趣者，命終則爲千佛授手，離諸惡道，無所恐怖，往生兜率天彌勒菩薩所。是經功德如是；智者應當一心書寫受持讀誦，正憶念，實修行。世尊，我今以神通力故守護是經，于如來滅後，閻浮提內廣令流布，不使斷絕。

必蒙普賢菩薩隱相加持，乃能與聞此陀羅尼者，內根得其性，外迹乃顯其音也。法華經得行于閻浮提亦隱仗普賢神通力；以聞經應聞此陀羅尼故。是故行者對于普賢威神須殷重注念。若如法修行，解其義趣，日漸與普賢心相應；則名普賢行。此必夙根甚深，乃能若是。其但由深信而書寫者福德力故，命終得生忉利天，受諸快樂。若由受持而解義，福智並行；命終往生兜率天，得親近彌勒菩薩焉。末云流布此經不絕，獨言閻浮提者，就法會所在地言之；非閻浮提外威神不行也。

爾時釋迦牟尼佛讚言：善哉善哉！普賢，汝已成就不可思議功德，慈悲深大；從久遠來發阿耨多羅三藐三菩提心；故能作是神通大願，護助是經，廣利衆生。我對能持普賢名號之人亦當以神通力守護之。

普賢心雖衆生本來具有；而能發展至極，以神通大願密令衆生建立法華基礎者，非圓成普賢行之人不足當之。衆生欲發菩提心者，對于此位菩薩，應常持其名號，以密接其威神。果能至心持念普賢定爲諸佛所讚歎。釋尊于此方緣力較厚，更以神通力守護之。

普賢，若有如法受持讀誦憶念修習書寫是法華經者，當知是人已供養釋迦牟尼佛；親見佛面；親聞佛說；得佛讚善；受佛摩頂；蒙佛覆衣。如是之人，不復貪著世樂；不好外道經書；不暱邪見徒侶；更不親近屠兒獵師，以及豢養牲畜之家，衒賣女色之所。當知是人少欲知足；心意質直；具正憶念；具大福德；不爲貪瞋癡嫉諸慢所惱；是真能修普賢行者。

能如法受持乃至書寫法華，必屬恆念普賢之人。以蒙釋尊神通守護，得與釋尊法身感通，而頓接佛之功德。常途廣事供養，無非欲植功德；今已頓接與已修供養無異。親見佛面，親聞佛說，不必形諸外相；乃至讚善摩頂覆衣等等，亦許於無形法身中會之。然無形密益，有何徵驗？可從行者表德上觀之。如不復貪著世樂，乃至不近衒賣女色之所，皆明證也。世樂，指一切不必要之娛樂。外道，指一切不正當之教道。真會法身者，雖入俗無礙；但有關化度大事，乃置身其間。不因化度而與外道惡人相往來；于理無取。其未到不退轉之位者，反被不善之氣所熏，增益惡劣種子也。少欲知足，自不爲世樂所誘。心意質直，自不爲煩惱所亂。正憶念者，念此法華也。大福德者，蓮花開敷，無限莊嚴也。

普賢，如來滅後五百歲，若有見此等持經之人，應念：此人不久當詣道場，破諸魔衆，得阿耨多羅三藐三菩提，轉法輪，擊法鼓，吹法螺，雨法雨，坐于天人大衆中師子法座上。應知：此人現世不復貪著衣服臥具飲食資生之物，而福報自然所需無缺；若有毀謗侵犯之者，得諸惡果；若有供養讚歎之者，得諸善果。是故得見此人，當起座遠迎，敬之如佛。

持經之人，普賢心熾盛故，雖如來滅後，正法已過，仍能隨時得證菩提，廣行化度。未成佛前，雖于一切世法無所貪求，而資生之物，如衣服飲食臥具等，自然有善人供給所需。對此等行者，若以惡意毀謗侵犯之，必得惡報。若以善意供養讚歎之，必得善報。故得見其人，如遇佛無異；當加迎敬。

佛說是勸發品時，恆河沙等菩薩，得百千萬億旋陀羅尼；三千大千世界微塵數菩薩，具普賢道。

此品在勸行者發菩提心，俾與普賢菩薩威神相接，以通法華之路。聞而大通者，當下得百千萬億旋陀羅尼；此類當機，多如恆河沙數。小通者，當下具普賢道；此類當機，更多如三千大千世界微塵數也。

論曰：普賢心爲一乘根本。此心不彰，一切種性莫由開豁；法華真實境界，難與言焉。欲彰此心，略則虔持普賢名號；詳則密修普賢真言；俱蒙威神加護，法益淺深不同。依真言而修，至於三昧告成；復自慈悲無量，恆見菩薩現身其前；所謂與法華相應之四條件，無不成就。以讀法華，句句若從胸襟流出；斯名實得是經。真言未易遽聞，許由持名展轉感得；是則持名可入一乘初門，宜爲釋尊之所守護也。真言捷效，首重會其旨趣。參究精熟，普賢心體用並耀；以學任何一乘妙法，莫不迎刃而解；豈惟法華而已哉！然境界真僞，顯有分辨；使對于世樂猶未放捨，乃至親近邪惡者流；而詡通達法華，無有是處！

第三十 囑累品

一經終結，每有囑累。囑者，如來之付囑也。累者，菩薩之負累也。以我教法煩爾宣傳，是爲殷重囑累之本意。卽每經三分中之流通分也。

爾時釋迦牟尼如來從法座起，現大神力，以右手摩無量大菩薩頂；勅言：我於無量百千萬億阿僧祇劫，修習此難得之法，圓滿阿耨多羅三藐三菩提；今以付囑汝等，皆當一心流布，廣令增益。如是三摩三勅。復言：如來有大慈悲，無諸慳悋，亦無所畏；能以如來智慧，自然智慧，施與衆生；爲一切衆生最大施主。汝等亦應行此法施，勿生吝惜。未來之世，若有善男子善女人，信此無上道法者，當爲演說法華經，令得佛慧。若有衆生不信受者，權以餘法示教利喜。汝等若能如是，則爲已報諸佛之恩。

全經宣演已終，應對諸大菩薩加囑累語。所謂大菩薩，約深證法華者言之；現何等身形，在所不論。無量大菩薩同時各見釋尊手摩其頂，平等法界原具此理。惟能行之者，非仗如來大神力不可。隨摩隨勅，藉示殷重。此經爲證阿耨多羅三藐三菩提必要之法，甚爲難得。利根者雖可一念頓悟，立成胎藏法身；然施諸事功，須歷無量百千萬億阿僧祇劫而後圓滿；乃因衆生滯于時間之見而然耳。菩薩應當一心流布，卽專誠宣傳法華也。廣令增益者，廣令衆生增益此種法利也。三摩三勅，殷重之至矣。如來大慈大悲所行，祇求普利衆生，不顧一切；自然無諸慳吝，亦無所畏。然所施者，不在對治一切煩惱權法，而在直顯無上智慧實法。無上智慧，亦稱佛慧。以會諸佛加持之妙用，靈活自在；曰如來智慧。以破無明蓋覆之理障，洞達一切；曰自然智慧。將此等智慧施與衆生，允稱最大施主；勉勵諸大菩薩繼其弘願，卽如來慈悲無盡之表徵也。當來衆生機緣成熟，能信此一乘大敎，自應爲說法華，令得無上智慧。根機不相及者，卻勿強加施與，免招謗法之罪。然亦不應棄捨此類衆生，姑以三乘權敎方便接之。肯負擔此囑者，卽爲酬答諸佛之恩；能慰如來慈悲弘願故。

諸大菩薩聞已，皆大歡喜，偏滿其身；益加恭敬，合掌三次，白言：如世尊勅，當具奉行；唯然，世尊，願毋致慮。

諸大菩薩承如來摩勅，慈悲所感，自然皆大歡喜，偏滿其身，恭敬合掌，一勅一答，前後三次。世尊之慮，或無繼志之人；今答皆能奉行，宜無慮矣。

佛說是經已，作奉送法，發遣十方諸分身佛各歸本國；多寶如來寶塔還復如故。上行等無邊菩薩，舍利弗等無量聲聞，及一切世間天人阿修羅衆，聞佛所說，皆大歡喜，作禮而去。

前由釋尊運用三密，感召寶塔現前；十方諸佛齊集其間，共同加持；多寶法身從而示迹；法華境界由是大顯。演化已畢，自須如法奉送，各還原處。地下湧出，他方來赴，諸菩薩，亦由三密感召而至，應隨奉送法俱去；此密宗行者所熟知也。然諸菩薩與舍利弗等同在弟子之列，皆應歡喜作禮，以表信受奉行也。

論曰：一乘法會，恆由三密加持集成。運此三密者，須與甚深般若波羅蜜相應，乃有特效。加持力故，本尊現身，妙法從而開演。或本尊自說，或餘尊代宣；結集成經，垂爲軌範。今世所傳之法華，卽軌範中之一也。釋尊直運三密，般若功德賅攝無遺；以視因地菩薩之演是經，效果允宜最勝。十方諸佛共同加持；多寶本尊如理出現；所演教相，仍由釋尊宣說；多寶加以證明。然最上密旨，每在言外；學者須于密宗求之。至囑累要領，是傳無上佛慧。不契佛慧，唯憑意識講解；咬文嚼字，縱極精詳；殊與法華不相應，未堪付囑也。

國家圖書館出版品預行編目資料

法華特論／達庵居士馮寶瑛著. -- 初版. -- 新北市：
華夏出版有限公司, 2024.05
面； 公分. --（圓明書房；042）
ISBN 978-626-7296-99-8（平裝）
1.CST：法華部

221.51 112016573

圓明書房 042
法華特論

著　　作　達庵居士馮寶瑛
出　　版　華夏出版有限公司
220 新北市板橋區縣民大道 3 段 93 巷 30 弄 25 號 1 樓
電話：02-32343788　傳真：02-22234544
E-mail：pftwsdom@ms7.hinet.net
印　　刷　百通科技股份有限公司
電話：02-86926066　傳真：02-86926016
總 經 銷　貿騰發賣股份有限公司
新北市 235 中和區立德街 136 號 6 樓
電話：02-82275988　傳真：02-82275989
網址：www.namode.com
版　　次　2024 年 5 月初版一刷
特　　價　新臺幣 350 元（缺頁或破損的書，請寄回更換）

ISBN-13：978-626-7296-99-8